LOS CASTILLOS MÁS EMBRUJADOS DEL MUNDO

Atrévete a Descubrir Cuáles son los Castillos más Terroríficos del Planeta

JEROME CANNON

© Copyright 2023 – Jerome Cannon - Todos los derechos reservados.

Este documento está orientado a proporcionar información exacta y confiable con respecto al tema tratado. La publicación se vende con la idea de que el editor no tiene la obligación de prestar servicios oficialmente autorizados o de otro modo calificados. Si es necesario un consejo legal o profesional, se debe consultar con un individuo practicado en la profesión.

- Tomado de una Declaración de Principios que fue aceptada y aprobada por unanimidad por un Comité del Colegio de Abogados de Estados Unidos y un Comité de Editores y Asociaciones.

De ninguna manera es legal reproducir, duplicar o transmitir cualquier parte de este documento en forma electrónica o impresa.

La grabación de esta publicación está estrictamente prohibida y no se permite el almacenamiento de este documento a menos que cuente con el permiso por escrito del editor. Todos los derechos reservados.

La información provista en este documento es considerada veraz y coherente, en el sentido de que cualquier responsabilidad, en términos de falta de atención o de otro tipo, por el uso o abuso de cualquier política, proceso o dirección contenida en el mismo, es responsabilidad absoluta y exclusiva del lector receptor. Bajo ninguna circunstancia se responsabilizará legalmente al editor por cualquier reparación, daño o pérdida monetaria como consecuencia de la información contenida en este documento, ya sea directa o indirectamente.

Los autores respectivos poseen todos los derechos de autor que no pertenecen al editor.

La información contenida en este documento se ofrece únicamente con fines informativos, y es universal como tal. La presentación de la información se realiza sin contrato y sin ningún tipo de garantía endosada.

El uso de marcas comerciales en este documento carece de consentimiento, y la publicación de la marca comercial no tiene ni el permiso ni el respaldo del propietario de la misma.

Todas las marcas comerciales dentro de este libro se usan solo para fines de aclaración y pertenecen a sus propietarios, quienes no están relacionados con este documento.

Índice

Introducción	vii
1. Palacio de Hampton Court, Richmond, Inglaterra	1
2. Castillo de Warwick, Warwick, Inglaterra	9
3. Castillo de Belcourt, Newport, Rhode Island, Estados Unidos	15
4. Castillo de Edimburgo, Edimburgo, Escocia	21
5. La Torre de Londres, Londres, Inglaterra	29
6. Castillo Fraser, Sauchen, Escocia	43
7. Castillo de Arundel, West Sussex, Inglaterra	55
8. Castillo de Moosham, Salzburgo, Austria	61
9. Castillo de Houska, Praga, República Checa	67
10. Castillo de Chillingham, Northumberland, Inglaterra	77
11. Castillo de Larnach, Dunedin, Nueva Zelanda	85
12. Castillo de Charleville, Tullamore, Irlanda	91
13. Castillo de Bardi, Emilia-Romaña, Italia	99
14. Hotel Ballygally Castle	103
15. La posada del castillo de 1891	115
16. Rose Hall Great House	127
17. Ordsall Hall	137
18. El castillo de Thornewood	149
Conclusión	161

Introducción

Las leyendas de fantasmas y los encuentros personales con lo sobrenatural llegan hasta la gran pregunta que todos nos hacemos: ¿Hay vida después de la muerte? Ese es el quid de la cuestión. Cuando alguien ve lo que sabe que es el espíritu de alguien fallecido, la gran pregunta queda respondida para ese individuo.

En todo el mundo hay edificios, cementerios y otras estructuras artificiales que han sido testigos de más historia que cualquier persona viva.

Oh, sí sus paredes pudieran hablar... pero, a veces pueden. Y lo hacen.

Las tradiciones orales están casi muertas en nuestro mundo moderno. La capacidad de registrar acontecimientos por escrito, en forma fotográfica e incluso en vídeo está al

Introducción

alcance de todos. Pero las historias de fantasmas son una de las pocas excepciones a la regla.

Millones de personas tienen cada año un roce inexplicable con lo sobrenatural. Algunos de estos encuentros son aterradores, otros conmovedores, pero todos son profundos. Muchas personas nunca documentan la hora, el lugar, las condiciones meteorológicas, la ubicación exacta del fantasma en el GPS (Sistema de Posicionamiento Global) o cualquier otra cosa que la comunidad científica apreciaría conocer. ¿Por qué? Dios mío, ¡acaban de ver un fantasma! El suceso está grabado a fuego en la memoria permanente del testigo, y su cerebro y su corazón intentan averiguar qué acaba de ocurrir.

Puede que unas horas, días o años después, el testigo del fenómeno se sienta lo suficientemente cómodo como para compartir una experiencia muy personal e íntima con alguien en quien realmente confíe.

Algunas leyendas de fantasmas tienen siglos de antigüedad, y las personas que viven cerca del alma incorpórea creen saber quién fue el fantasma en vida, y algunos incluso especulan sobre qué asuntos pendientes mantienen al espíritu en la tierra. Estudiar a estos espíritus es estudiar la historia. El mundo de los espíritus y nuestro pasado están entrelazados: podemos aprender mucho estudiando ambos. Por supuesto, algunas historias de fantasmas sólo se remontan a unas pocas décadas atrás; parecen haber nacido o haber sido suscitadas por algún acontecimiento.

Introducción

Uno de los primeros lugares encantados que investigué fue un restaurante de 250 años de antigüedad cerca de mi casa, en Massachusetts.

La dueña empezó a contarme algunas de sus peculiares experiencias, y luego me dejó con el camarero, que solo llevaba un año y medio trabajando allí.

"Los lugares más embrujados del mundo", me dijo, y empezó a contarme extraños relatos ocurridos pocos meses antes de mi visita. Un camarero que pasaba por allí me preguntó si hablábamos de fantasmas y me contó su propia historia de unas semanas antes. Después de publicar la historia en Internet, recibí correos electrónicos de personas que también habían tenido experiencias sobrenaturales en este restaurante.

Tras estas primeras investigaciones, comprendí lo que significa que un lugar esté embrujado. Los fenómenos deben poder repetirse y ser experimentados por un gran número de personas. Es cierto que algunos de estos encuentros nos llegan de segunda mano, como la tradición oral. A medida que los relatos de segunda mano se extienden a terceros y más allá, las experiencias pueden exagerarse hasta convertirse en algo que Hollywood inventaría. Sin embargo, a veces podemos escuchar estos relatos directamente de los testigos originales.

Muchos encuentros con fantasmas suelen ser sutiles, pero intensos. Imagínese que está solo en una casa grande, vieja y chirriante. Es una noche oscura y tormentosa, y cuando

Introducción

coges el pomo de una puerta y empiezas a girarlo, sientes una fuerza evidente que gira el pomo en tu contra, tal vez un arrastrar de pies al otro lado de la puerta. La habitación que te rodea se enfría de repente.

Al volver a girar rápidamente el pomo y abrir de un tirón la puerta, compruebas que no hay nadie (bueno, nadie que puedas ver).

Sutil, sí, y completamente desconcertante. Por supuesto, los fantasmas no siempre son sutiles. A veces aparecen delante de la gente. A veces incluso tienen algo que decir. Es importante que escuchemos a los testigos, a los fantasmas y a la historia.

Este libro es una vuelta al mundo de lugares históricos y experiencias fantasmales. Recorreremos el globo y encontraremos algunos hilos conductores de leyendas fantasmales, algunas figuras de la historia que han insistido en ser recordadas hasta el punto de que todavía se las ve y reconoce por lo que son o fueron. Escucharemos a testigos de muy diversos ámbitos que nos contarán lo que sintieron, oyeron, vieron y, a veces, incluso olieron.

Seré su guía en este viaje global a lo sobrenatural.

Por favor, sea respetuoso, ya que visitaremos algunos lugares sagrados, casas en las que usted será un invitado y otros lugares de importancia histórica en los que las paredes, los suelos y los fantasmas hablan.

1

Palacio de Hampton Court, Richmond, Inglaterra

El palacio de Hampton Court es un enorme castillo con más de 1300 cámaras y numerosos salones, galerías y pasadizos. Se empezó a construir en 1515 para el cardenal Thomas Woolsey. Cuando el rey Enrique VIII se disgustó con él, fue confiscado en 1529.

A lo largo de los años, se ha reconstruido y ampliado mucho, pero sus muros han sufrido mucho dolor, desesperación y tristeza. Ahora está abierto al público para visitas guiadas y, al parecer, también a los fantasmas.

Probablemente el fantasma más famoso del palacio de Hampton Court sea la Dama Gris. En una reciente aparición, le hizo un *photobomb* a un par de niñas de doce años que visitaban el castillo durante una excursión escolar.

. . .

Mientras echaban un vistazo a los aposentos del rey, las niñas se hacían fotos con las cámaras de sus móviles. Sin embargo, cuando una de ellas sacaba una foto, vio a alguien de pie junto a su amiga: la figura fantasmal de una mujer vestida de gris. Volvió a mirar rápidamente, pero no había nadie. Estas chicas no son ni mucho menos las primeras que se topan con la misteriosa dama gris y es probable que no sean las últimas.

Muchos creen que este fantasma era una sirvienta y enfermera del príncipe Eduardo VI y más tarde de la reina Isabel I, Dame Sybil Penn. Fue mientras cuidaba de la reina Isabel I cuando contrajo un caso mortal de viruela. Murió a la temprana edad de 25 años, y se sabe que estaba tan dedicada a la reina que corrió riesgos que la llevaron a la muerte. Fue enterrada cerca del palacio de Hampton Court, pero su tumba fue alterada en 1829 cuando se estaba reconstruyendo una iglesia cercana. Poco después comenzó a hacer apariciones.

Sus manifestaciones no se limitan, por supuesto, a las apariciones en fotografías. Muchos de los que trabajan en el castillo creen que ella es la fuente de un sonido fantasmagórico, como si alguien estuviera trabajando activamente en una rueca.

. . .

Una de las leyendas más interesantes afirma que una vez se abrió una habitación sellada en el castillo y se encontró una rueca; supuestamente, dejó de girar lentamente poco después de ser encontrada, como si alguien hubiera puesto una mano sobre ella para detenerla tras ser interrumpida. Por supuesto, no se encontró a nadie en la habitación sellada, al menos a nadie vivo. Lo más habitual es que se manifieste, visual o auditivamente, en los apartamentos del Estado y en el Tribunal del Reloj.

Dame Sybil Penn no es el único fantasma al que le gusta aparecer inesperadamente en las fotos. Un visitante del palacio de Hampton Court estaba haciendo fotos en lo que solía ser la cámara privada de la reina. Al inspeccionar las fotos más tarde, pudieron ver a un niño pequeño vestido al estilo Tudor, sin duda uno de los muchos pequeños fantasmas que rondan por los pasillos.

Catalina Howard fue la malograda quinta esposa del tristemente célebre Enrique VIII. Se casó con él cuando sólo era una adolescente, pero tras ser acusada de adulterio, fue ejecutada en la Torre de Londres. Muchos dicen que su alma no descansa; sus manifestaciones aumentaron después de que la reina Victoria abriera al público el castillo de Hampton Court en 1838.

. . .

Para comprender el encuentro con este desdichado espíritu, imagínate caminando por la Galería Encantada de este hermoso y antiguo castillo.

Mientras admiras las obras de arte y la arquitectura, oyes un grito espeluznante que te eriza todos los pelos del cuerpo. El sonido pasa a tu lado como si alguien corriera a lo largo de la galería, pero no se ve a nadie: los gritos pertenecen al fantasma de Catalina.

Se cree que los gritos que se oyen en la galería son un eco de lo que realmente ocurrió cuando se ordenó su ejecución. Al parecer, la joven Catalina bajó gritando por la galería hasta la capilla para rogar a su marido que le perdonara la vida.

Sus guardias la atraparon y la arrastraron de vuelta a sus aposentos, todavía gritando y suplicando por su vida. Incluso cuando no se la oye ni se la ve, los visitantes del castillo afirman sentir un escalofrío inconfundible en la Galería Embrujada, mientras que otros describen sensaciones extrañas e inusuales.

Un caballero que trabaja en primeros auxilios en el castillo de Hampton Court sabe que, cuando oye una llamada de socorro por desmayo, siempre se dirige a la Galería Embrujada, incluso antes de conocer el lugar. Lo hace para ganar tiempo, ya que los desmayos son bastante frecuentes en el lugar favorito de Catherine. Algunos creen que Catherine es también la Dama Gris, mucho más silenciosa, que se manifiesta por todo el castillo, aunque Catherine suele aparecer vestida de blanco.

Además, algunos visitantes han captado la inquietante imagen de una joven vestida al estilo Tudor que le mira desde lo alto de un rellano de la escalera.

Otra de las malogradas esposas de Enrique VIII, Jane Seymour, murió sólo doce días después de dar a luz a un heredero varón, Eduardo VI. Su espíritu se manifiesta en la escalera que conduce a la galería del Palo de Plata; en el aniversario del nacimiento de su hijo (12 de octubre) se la ha visto caminando por el Patio del Reloj con un candelabro en la mano.

Otra aparición interesante en este castillo fue la apodada "Skeletor". La imagen de este fantasma fue encontrada en las grabaciones de CCTV por el personal de seguridad en 2003. Durante un periodo de tres días, se grabaron cosas extrañas alrededor de unas modernas puertas cortafuegos.

El primer día, las puertas se abrieron con gran fuerza, pero no se veía a nadie. El segundo día, las puertas volvieron a abrirse, pero esta vez se vio una figura en el umbral. Esta figura grande e imponente parecía llevar una capa del siglo XVI con un rostro esquelético, de ahí su nombre; aunque parece amenazador y poderoso, parece que está cerrando las puertas. Al tercer día, las puertas vuelven a abrirse con fuerza, sólo que no había rastro de nadie.

Al mismo tiempo, un visitante anotó en el libro de visitas que había visto la aparición de un hombre corpulento cerca de la misma zona. En un principio se comprobaron las imágenes porque las puertas se encontraron abiertas de par en par sin explicación alguna.

En otro incidente, un joven trabajaba hasta muy tarde en la cafetería. Cerca de él había dos pilas de platos de cerámica que, para su horror, empezaron a temblar violentamente sin ninguna razón física. Afortunadamente, ninguno de los platos se rompió, aunque hay que razonar que estuvo bastante nervioso durante el resto de su turno.

Un guardia de seguridad recuerda perfectamente que a las 3 de la madrugada sonó la alarma en el Fountain Court.

Cuando él y otro miembro del equipo de seguridad llegaban, oyeron claramente el sonido de pasos fuertes subiendo por una escalera inaccesible. Inquietos, registraron la zona a fondo, pero no pudieron encontrar ninguna fuente humana de la alarma de madrugada.

El armario Woolsey tiene un habitante fantasmal de un tipo ligeramente distinto: un perro. Muchas personas han visto la forma fantasmal de un perro en este armario o cerca de él.

Un hostelero se negó a entrar en él, alegando una abrumadora sensación de maldad en su interior.

Si tiene la oportunidad de visitar el palacio embrujado de Hampton Court, no se sorprenda si alguien decide hacerle una foto o si oye, pero no ve, a alguien corriendo por el pasillo y gritando. Los escalofríos, las sensaciones incómodas y los desmayos también son habituales.

2

Castillo de Warwick, Warwick, Inglaterra

El castillo de Warwick y sus tierras tienen una larga historia que abarca más de 1.000 años. También alberga una enorme colección de armaduras y armas y ha sido testigo de muchas guerras a lo largo de los años.

La historia del castillo es fascinante; se considera que la arquitecta original fue Aethelflaed, hija de Alfredo el Grande, rey de Wessex. La historia, la armería y los sucesos traumáticos combinados lo convierten en un hervidero de manifestaciones paranormales y actividad fantasmal.

Uno de los habitantes fantasmales más famosos de este castillo es Sir Fulke Greville, a quien el rey Jaime I concedió el castillo en 1604. Al encontrarlo en un estado lamentable, Sir Greville se puso manos a la obra para restaurar su belleza y funcionalidad. Greville, hombre rico y funcionario público, fue también poeta y dramaturgo.

Soltero empedernido, Greville no tenía hijos ni esposa, por lo que, mientras preparaba su testamento, decidió hacer una pequeña provisión para su criado, Ralph Haywood.

Tras tantos años de fiel servicio, Haywood se sintió insultado por la insignificante cantidad de dinero que Greville pensaba dejarle a su muerte. Atacó a Greville con furia asesina, apuñalándole brutalmente mientras le ayudaba a vestirse una mañana, aunque Greville tardó un mes en sucumbir a sus heridas. Aunque Haywood atacó a Greville en su casa de Londres, fue llevado de vuelta al castillo de Warwick para morir y ser enterrado. Se dice que Haywood se suicidó degollándose debido a su sentimiento de culpa.

Se sabe que Sir Greville se materializa junto a su retrato, sin duda para angustia de los que están cerca. Todavía pasea por su estudio y los visitantes lo han vislumbrado de reojo mientras permanece de pie, observando, en las oscuras sombras de su castillo. Otros afirman sentir su presencia en el estudio incluso cuando no se le ve o en la torre donde a menudo se alojaba.

Las mazmorras del castillo pueden albergar un espíritu más malicioso, lo que no debería sorprender a nadie. Este espíritu agresivo suele gruñir a los visitantes y se sabe que les agrede físicamente. Algunas personas insisten en que en la mazmorra reside un espíritu elemental que tiene la capacidad de aparecer con forma humana.

Hace unos años se construyó una nueva mazmorra en la región de la armería original del castillo con la intención de que sirviera como cámara de tortura en vivo (recreaciones, por supuesto) para entretener a los visitantes. Sin embargo, empezaron a ocurrir cosas extrañas y aterradoras.

En un incidente, alguien sintió un fuerte olor a lavanda, que no tenía ningún sentido para esta obra en particular. Junto con la fragancia de lavanda apareció un hombre vestido con pantalones y túnica, pero desapareció de la vista demasiado rápido para ser una persona física.

Uno de los jefes de obra declaró haber visto una figura extraña varias veces en los pasillos vecinos. Fuera cual fuera la naturaleza de lo que vio, fue suficiente para dejarlo aterrorizado y huir despavorido.

Los médiums han informado de la presencia de un espíritu femenino que creen que es France Greville, amante del rey Eduardo VII. Falleció en 1938, pero su espíritu ha sido visto cerca de una de las puertas de la armería. Su presencia va acompañada de una sensación de negatividad y miedo.

. . .

Un visitante estaba solo en la Sala Kenilworth haciendo fotos. Al examinar las fotos, una imagen mostraba la figura de una niña pequeña de pie junto a una ventana.

Como suele ocurrir con los fotomagos fantasmales, no se vio a la niña en la sala en el momento en que se tomó la imagen. Además, se dice que hace apariciones regulares en esta zona del castillo.

Otra forma interesante en que los fantasmas parecen divertirse en el castillo de Warwick es a través de la música.

No es raro que la gente oiga música (desde luego, no de estilo moderno) sin poder encontrar una fuente legítima.

También se ha captado música instrumental en relación con fenómenos de voz electrónica (EVP), en los que la música no se oía hasta que se reproducía la grabación.

El castillo de Warwick tiene su propia Dama Gris, que ha sido vista en los pasillos durante muchos, muchos años. En un giro interesante, los informes afirman que las puertas se abren de repente sin motivo y momentos después aparece la Dama Gris. Sin embargo, cuando el testigo de su manifestación intenta alcanzarla, no aparece por ninguna parte.

Los testigos la describen como una anciana ataviada con un sencillo vestido gris.

Era la más activa en la década de 1920, según los informes de los sirvientes del castillo y los familiares que vivían allí, pero su aspecto ha decaído con el paso de los años. Es de esperar que haya encontrado la paz que necesitaba y haya pasado a mejor vida.

Otro fantasma, también bastante famoso, es un enorme y musculoso perro negro del que se dice que tiene unos ojos antinaturalmente rojos y brillantes de los que gotea espuma por las comisuras de sus gigantescas fauces. Al parecer, una sirvienta muy descontenta, Moll Bloxham, echó una maldición sobre el castillo y esta espantosa criatura es la manifestación de su maldición. La señorita Bloxham fue sorprendida robando y el castigo fue la humillación pública y la tortura. Enfadada por la injusticia de este castigo, se cree que maldijo a los implicados.

Pocos días después de su castigo inicial, este can fue visto en los alrededores del castillo donde vivían los responsables del castigo de Moll. La temible bestia provocó el caos y el miedo, sin duda exactamente como Bloxham pretendía. Se supone que el perro murió al engañarlo para que saltara de una de las altas torres y cayera al río, pero su fantasma sigue apareciendo por el castillo.

Francés, la condesa de Warwick, pasó un buen susto poco después de casarse y fijar su residencia en el castillo familiar de su nuevo marido.

Una noche en que su marido no estaba en casa, se encontraba en una parte desolada del castillo, junto con sus perros, y se instaló para dormir.

De repente, la despertó bruscamente el sonido de poderosas pisadas que resonaban a través de los muros del castillo. Las botas parecían golpear violentamente las tablas de madera bajo las frondosas alfombras. Estaba aterrorizada, al igual que sus perros, que corrieron a esconderse bajo la cama y no salieron hasta la mañana siguiente.

Apariciones inquietantes, sombras, gritos, perros espectrales, todo esto y mucho más espera a quienes visitan el laberíntico castillo de Warwick. Pocos de los que han pasado mucho tiempo en el castillo niegan que ocurran cosas extrañas entre sus muros marcados por el tiempo. Sin embargo, no se sorprenda si oye música fantasmal o ve pasar revoloteando a una mujer vestida de gris.

3

Castillo de Belcourt, Newport, Rhode Island, Estados Unidos

Se cree que el Castillo de Belcourt, en Rhode Island, es un castillo encantado, pero es lo que hay dentro del castillo lo que causa el embrujo y no el castillo en sí.

Oliver Hazard Perry Belmont construyó este castillo de sesenta habitaciones de estilo Luis XIII hace poco más de cien años. A él y a su esposa les gustaba coleccionar antigüedades, por lo que el castillo de Belcourt cuenta con una enorme colección procedente de todo el mundo. Es muy posible que estas antigüedades sean el origen de los fantasmas que han hecho famoso al castillo de Belcourt.

Dentro del castillo hay una armadura japonesa del siglo XVII cuyo propietario original murió cuando una lanza le atravesó el cráneo por la hendidura del ojo; aún se ve una grieta en el casco.

. . .

Un puñado de visitantes que han intentado asomarse al interior del casco han afirmado ver los ojos y el rostro de alguien asomándose. Lo que hace especial a esta armadura es que se dice que sólo grita en el mes de marzo, que corresponde a la muerte de su propietario original.

El grito de la armadura también aterrorizó a una empleada del castillo una noche de hace unos 30 años. Se dirigía a la cocina cuando se percató de que las luces de las vidrieras del salón de baile estaban encendidas. Desconcertada, decidió comprobar que no hubiera nada y apagar las luces. Al apagar el interruptor, oyó un grito espeluznante. Se volvió hacia la sala para echar un vistazo y las luces volvieron a encenderse solas mientras un segundo grito, aún más fuerte, resonaba en el salón de baile vacío.

El castillo de Belcourt alberga una amplia y variada colección de armaduras, entre ellas la armadura del grito.

Sin embargo, no es la única armadura embrujada de la colección. Se sabe que varias de estas pesadas armaduras metálicas se trasladan a distintas zonas del castillo sin explicación alguna. Vuelven a su posición original para aparecer de nuevo en otro lugar. Incluso se sabe que algunas armaduras se mueven ligeramente mientras los visitantes las admiran.

Una de las apariciones más conocidas que aparecen en el castillo de Belcourt es la de un monje barbudo vestido con una pesada túnica marrón, que resulta ser idéntica a una hermosa y realista talla antigua de madera de un monje dentro del castillo.

Solía aparecer sólo cerca de la talla y cuando ésta se movía, también lo hacían sus apariciones. Con el tiempo, la talla se trasladó a la capilla y el monje dejó de aparecer. Parece haber encontrado la paz en la capilla y ahora descansa.

Imagina que te sientas en una hermosa silla antigua y sientes que alguien te empuja hacia atrás. Mientras avanzas a trompicones, luchando por mantener el equilibrio, te das la vuelta para disculparte profusamente ante quienquiera que no hayas visto. Sin embargo, no hay nadie en la silla. A pesar de ello, decides sentarte en otro sitio.

El impresionante Salón de Baile Gótico, con sus altos arcos y vidrieras, alberga un par de sillas muy embrujadas.

. . .

Algunos sienten una ligera resistencia al sentarse, mientras que otros son prácticamente arrojados al suelo hasta dos metros de distancia. Los testigos también han informado de escalofríos, descargas eléctricas y sensaciones extrañas cuando se sientan en una de las sillas. Otros han sentido un frío glacial y náuseas nada más sentarse.

En una ocasión, un grupo de setenta visitantes que visitaban el castillo presenciaron cómo un rayo salía disparado de una de las sillas. Estas sillas antiguas se denominaban sillas de sal y eran de uso exclusivo de los reyes, por lo que es posible que los plebeyos y campesinos no sean bienvenidos a sentarse en ellas a día de hoy.

Se dice que la sala de música del castillo de Belcourt alberga un espejo encantado famoso por inquietar tanto a los huéspedes como a los empleados. Piense en cómo reaccionaría si se mirara en un espejo y viera que su reflejo se mueve, aunque usted está quieto. O si viera vibrar objetos detrás de usted, pero cuando se da la vuelta están inmóviles. A menudo, los testigos que no sonríen ven que su reflejo les sonríe o que su reflejo no aparece en absoluto, pero la habitación y las personas que están detrás de usted son visibles en el espejo.

El castillo de Belcourt está repleto de objetos encantados, entre ellos trajes de armadura antiguos demasiado animados. Tenga cuidado con las sillas, ya que puede que no quieran que se siente en ellas, y no se angustie si uno de los espejos no refleja la realidad. Parece que los fantasmales moradores de este castillo estadounidense no son especialmente peligrosos, a menos que usted sea propenso a los infartos.

4

Castillo de Edimburgo, Edimburgo, Escocia

El Castillo de Edimburgo está ampliamente considerado como el castillo más embrujado del mundo. Esta fortaleza histórica está llena de fantasmas y fantasmagorías, sin duda debido a su larga historia.

Pocos saben que se asienta sobre un volcán extinto de 700 años de antigüedad conocido como Castle Rock y que la zona ha estado habitada desde el año 2 d.C. A lo largo de los años, ha sido testigo de muchas batallas, guerras y habitantes, algunos de los cuales parecen seguir por aquí.

Bajo el castillo hay una compleja serie de túneles y cámaras conocidos como "Las Bóvedas Gritonas". Se han encontrado varios fantasmas en estos oscuros túneles y algunos de ellos son lo suficientemente agresivos como para dejar marcas de arañazos visibles en las personas.

. . .

Los pasillos y las puertas son bastante estrechos, lo que crea una sensación claustrofóbica que se suma a los sentimientos incómodos que despierta este lugar.

En una época, la zona albergaba a varias familias de comerciantes y disponía de almacenes numerados. Con el tiempo, la zona se convirtió en un tugurio y empezaron a producirse actividades delictivas. La historia de estas cámaras acorazadas tiene un aspecto oscuro, ya que se afirma que en ellas se almacenaban las víctimas de los asesinos en serie Burke y Hare (que vendían los cadáveres de sus víctimas a facultades de medicina). La gente ha sentido ráfagas de aire frío y ha oído sonidos de niños inexistentes, además de las grabaciones de una voz que grita "¡Vete!" en gaélico antiguo.

En un incidente, una mujer de mediana edad que visitaba el lugar con un grupo más numeroso gritó de repente durante una visita y corrió al lado del guía. Se negó a separarse de él durante el resto de la visita y tardó un rato en calmarse lo suficiente como para explicarle lo sucedido. Mientras estaba de pie en los túneles escuchando al guía describir algunas de las cosas que ocurrían en ellos, de repente sintió, no vio, que un hombre grande se ponía delante de ella. Estaba frente a ella y podía sentir su aliento caliente en la cara y oler el fuerte hedor a whisky de su aliento. Su presencia era abrumadora. Aterrorizada, corrió hacia el guía. Nadie más del grupo lo sintió ni lo olió.

El calabozo fue escenario de innumerables encarcelamientos, muchos de ellos injustificados, y de multitud de muertes. Una de las apariciones más comunes en el calabozo es la silueta de un hombre corpulento y anciano. Siempre se le ve vestido con un delantal de cuero muy gastado y manchado, normalmente atravesando una puerta de la zona de las mazmorras y luego desapareciendo de la vista.

Uno de los prisioneros intenta escapar a la desesperada escondiéndose en un barril de estiércol. Su objetivo era salir completamente del castillo antes de que detectaran su presencia. Por desgracia, no sabía cómo se manejaban los barriles. Consiguió salir de las mazmorras, pero murió en picado cuando los celadores arrojaron el barril por la ladera de Castle Rock.

Su fantasma suele hacer notar su presencia con un olor muy desagradable, pero reconocible (sí, lo has adivinado: estiércol). A veces, sin embargo, se manifiesta en las almenas del castillo, donde no sólo perfuma las inmediaciones, sino que también intenta empujar a los visitantes.

. . .

Otra zona de túneles conduce a la Royal Mile, hogar de otro fantasma. Hace doscientos años se descubrió un complicado laberinto de túneles secretos.

Al parecer, un gaitero recibió el encargo de explorar los túneles bajo el castillo y se le dijo que tocara la gaita para que los de arriba pudieran seguir su rastro. Evidentemente, necesitaba dinero y estaba dispuesto a hacer el trabajo a pesar del peligro que suponía adentrarse en un sistema de túneles desconocido. Todo fue bien durante un buen rato hasta que el sonido de la gaita cesó de repente.

Se envió un equipo a buscarlo, pero su cuerpo (y su gaita) nunca aparecieron. Hoy en día, los visitantes de los túneles dicen oír el sonido de gaitas que resuena en los túneles, pero nunca se localiza la fuente. Parece que el caballero sigue intentando encontrar la salida.

Otro fantasma infame que ronda el castillo de Edimburgo es una bruja falsamente acusada, Lady Janet Douglas, o Lady Glamis, como se la conoce. Su marido y su familia eran considerados una amenaza para el poder del rey Jacobo V; cuando su marido murió, el rey la acusó de brujería. Se la acusó, entre otras cosas, de envenenar al rey mediante brujería. Para obtener pruebas contra ella, el rey hizo prisioneros y torturó a sus sirvientes y familiares. La encarcelaron en las mazmorras y la dejaron en la oscuridad hasta que apenas pudo ver ya. Finalmente, Lady Glamis fue quemada viva en la hoguera sobre una plataforma de madera mientras su hijo de 16 años la contemplaba horrorizado.

La zona donde encontró su horrible final se considera embrujada. No sólo se han visto apariciones suyas, sino que por la noche se oye el sonido de un martillo construyendo algo, pero no hay nada. Se cree que este sonido de golpes y martillazos es el eco de los obreros que construían la plataforma sobre la que murió. No fue la única mujer que fue quemada en la hoguera por brujería; un total de 300 mujeres corrieron la misma suerte en los terrenos del castillo de Edimburgo.

La historia de quienes se han encontrado con el tamborilero sin cabeza del Castillo de Edimburgo es espeluznante. El fantasma del joven va vestido con un uniforme de tamborilero del siglo XVII; lo único que le falta es la cabeza. Sólo aparece cuando el castillo está en peligro inminente, aunque el sonido de sus tambores puede oírse en otras ocasiones.

Apareció por primera vez en 1650, justo antes de un gran ataque de Cromwell al castillo. Algunos creen que el sonido de sus tambores sirve para recordar a los que viven cerca del castillo que sigue fielmente de guardia, listo para advertir del peligro inminente.

. . .

Las personas que han explorado las salas y bóvedas de este viejo castillo han sido testigos de figuras sombrías sin explicación racional o de repentinas e inexplicables bajadas de temperatura. Otros han experimentado la sensación de ser tocados, empujados o de que les tiran de la ropa.

Tanto los visitantes como el personal han sentido emociones negativas abrumadoras (miedo, abatimiento, desesperanza, ansiedad) que golpean de forma inesperada. Además, muchos visitantes se quejan de que ojos invisibles les observan.

Algunos visitantes han sentido una clara sensación de quemazón en los brazos, aunque nunca se ha encontrado el origen. En muchas fotografías tomadas en este antiguo castillo y sus alrededores aparecen luces misteriosas, orbes brillantes y resplandecientes, extrañas nieblas o misteriosas manchas de color verde, un color popular entre los espíritus asociados a este castillo, ya que las nieblas y figuras verdes no son nada raras.

También hay noticias de un perro fantasma cuyos restos se cree que yacen en el cementerio de mascotas situado cerca de la Guarnición del Ejército. Se trata de un perro sabueso negro de gran tamaño que parece bastante normal hasta que se observa la niebla verdosa brillante que delinea su cuerpo. Parece bastante amistoso y no se han registrado ataques. Tal vez esté haciendo guardia por un ser querido que falleció hace tiempo.

No cabe duda de que el Castillo de Edimburgo está embrujado por muchos tipos de fantasmas de distintos periodos de la historia.

Desde la trágica Lady Glamis hasta el maloliente prisionero cuya huida fracasó, una visita a este fascinante castillo le deparará sin duda algún tipo de experiencia paranormal.

5

La Torre de Londres, Londres, Inglaterra

Ninguna lista de castillos encantados estaría completa sin la tristemente célebre Torre de Londres, conocida oficialmente como Palacio Real de Su Majestad y Fortaleza de la Torre de Londres.

Esta inquietante fortaleza tiene más de 900 años y se utilizó como prisión durante casi 800 de ellos. Ha sido escenario de intrigas políticas, ambición desmedida, violencia sin sentido y opresión. No es de extrañar que este castillo esté lleno de espíritus y manifestaciones fantasmales.

Algún tipo de espíritu merodea por la zona donde se guarda la armadura de Enrique VIII. Muchos individuos sienten una horrible sensación de aplastamiento cuando caminan cerca de la armadura, pero esa sensación desaparece en el momento en que salen por las puertas de la torre.

. . .

Numerosos guardias han informado de terribles sentimientos y emociones que se apoderan de ellos cuando están en la misma habitación que la armadura. Otros afirman tener la sensación de que un demonio salta del techo y les rodea el pecho con sus poderosos brazos con tanta fuerza que apenas pueden respirar. Otros describen el férreo agarre de unas manos que les rodean el cuello y les hacen perder el aliento hasta que salen a trompicones de la habitación y la sensación desaparece al instante.

Un guardia patrullaba los alrededores de la Torre Blanca cuando le arrojaron por la espalda una capa gruesa y pesada sobre la cabeza y la utilizaron para estrangularlo. Unos brazos fuertes le sujetaron el manto alrededor del cuello y lo apretaron sin cesar. El guardia se libró del ataque a tiempo de salvar la vida; cuando le quitaron la capa, vio que estaba completamente solo. No había habido tiempo para que alguien corriera a esconderse y su atacante no era visible a simple vista. En su cuello se pudieron ver ronchas rojas visibles durante días, prueba de que su atacante invisible era demasiado real.

Una noche, un joven de guardia estaba trabajando solo en la Torre. Al darse cuenta de que uno de sus cordones estaba desatado, se detuvo para rectificar la situación. Mientras estaba arrodillado en el suelo, cerca de la armadura, una voz masculina le dijo claramente: "Aquí sólo estamos tú y yo".

Se giró para mirar detrás de él, con el arma desenfundada, y descubrió que estaba solo. Salió rápidamente de la habitación. ¿Era Enrique VIII quien le hablaba?

Descubrirás que la ambición y la crueldad de Enrique son responsables de varias de las apariciones en la Torre de Londres. Dondequiera que se encuentre su armadura, se producen los mismos tipos de fantasmas violentos y agresivos. ¿Acaso el espíritu del infame, violento y sangriento rey Enrique VIII sigue acechando cerca de su armadura en busca de objetivos para su animosidad incluso desde más allá de la tumba?

Lady Jane Grey era la esposa de Guilford Dudley. Era sobrina nieta de Enrique VIII e intentó demostrar que era la legítima heredera al trono, lo que resultó ser su perdición. María I era hija del rey Enrique VIII; tras casarse y ser coronada reina, condenó a muerte a Lady Grey y a su marido.

Lady Jane Grey sólo tenía 16 años cuando ella y su marido fueron decapitados, junto con varios miembros varones de su familia. Se dice que Guilford fue ejecutado primero y que sus restos fueron llevados junto a la celda en la que Jane estaba encarcelada. Cuando la llevaron al bloque del verdugo para decapitarla, le costó entender dónde la iban a colocar, ya que tenía los ojos vendados. Confundida y aterrorizada, gritó: "¿Qué debo hacer? ¿Dónde está?"

Un miembro de la multitud la guió hasta el bloque de ejecución donde fue decapitada.

El fantasma de la joven Lady Jane Grey ha sido visto vagando entre las almenas, pero el último avistamiento fiable se remonta a 1957. Su marido, Guilford, ha sido visto en la torre Beauchamp, donde llora hasta el amanecer. También se cree que es el responsable del nombre "Jane" grabado en los muros.

Uno de los embrujos más trágicos es sin duda el relacionado con Eduardo y Ricardo, de 12 y 10 años, que fueron las desafortunadas víctimas de la agitación política y la rivalidad. Estos dos jóvenes príncipes fueron declarados ilegítimos por el Parlamento y cruelmente condenados a la Torre de Londres. A pesar de sus lamentables condiciones, se les veía a menudo jugando y divirtiéndose, hasta que un día desaparecieron repentinamente. Se supuso que su tío y tutor, el duque de Gloucester, los había asesinado para que no supusieran una amenaza a sus ambiciones políticas.

. . .

Muchos años después, se estaban realizando obras en una escalera de la Torre Blanca. Cuando se subieron los escalones, se descubrió un cofre que contenía los esqueletos de dos jóvenes. La creencia común era que se trataba de los cuerpos de los jóvenes príncipes. El actual rey, Carlos II, hizo enterrar sus huesos en la abadía de Westminster.

En los alrededores de la Torre aún se oye el sonido de niños pequeños jugando y riendo, y a menudo se ve a un par de jóvenes vestidos de época jugando en las almenas del castillo. Sin embargo, la mayoría de los avistamientos de sus fantasmas no son tan agradables. Muchos visitantes y empleados han informado de haber visto a dos chicos jóvenes, vestidos con ropa de dormir de época, aferrándose el uno al otro aterrorizados. A menudo se les ve caminar por las habitaciones y luego fundirse con las paredes. ¿Sus fantasmas siguen viviendo atemorizados o se trata simplemente de un eco de la noche en que perecieron a manos de su tío?

También se les conoce por hacer "photobomb" a los turistas dentro de la Torre Blanca. En un caso concreto, una turista estaba haciendo fotos cuando descubrió la cara de un niño fantasma entre las de su hija y su novio. La cara no se vio hasta que la familia regresó a casa y revisó las fotos. En otro incidente, una fotógrafa psíquica pudo tomar fotografías en las que cree que se ven los dos niños.

• • •

Margarita de la Pole, condesa de Salisbury, fue otra víctima de la ambición sangrienta y la política despiadada. Su hijo era un cardenal que tuvo el valor de denunciar al rey Enrique VIII como cabeza de la Iglesia de Inglaterra.

Cuando el rey se enteró de esta denuncia, estaba dispuesto a vengarse, pero el cardenal estaba en Francia y fuera de su alcance. Por desgracia, la madre del cardenal, Margarita, no lo estaba.

Enrique descargó su ira y su venganza contra Margarita, de setenta años. Fue llevada al cadalso donde sería decapitada. Cuando se le ordenó arrodillarse, se negó valientemente, diciendo: "Así deben hacerlo los traidores, y yo no lo soy". Cuando el verdugo levantó su enorme y reluciente hacha, Margarita echó a correr. Escapó temporalmente, pero el verdugo, enfurecido, la persiguió, blandiendo repetidamente su hacha hasta que su cuerpo se desplomó y sus gritos fueron silenciados.

Hasta el día de hoy, se oyen gritos espantosos en los alrededores de su muerte y muchas personas han visto la sombra de un hacha cayendo. Algunos visitantes muy sensibles han tenido la desgracia de presenciar una representación espectral de su muerte de pesadilla.

. . .

El rey Enrique VI era hijo del rey Enrique V y una víctima más de la política y la ambición en la Torre de Londres. Fue encarcelado en la Torre de Londres por la Casa de York, donde permaneció hasta su muerte. Algunas historias dicen que la causa de su muerte fue un corazón y un espíritu rotos, pero la historia cuenta una historia diferente.

Cuando Eduardo subió al trono, ordenó el asesinato de Enrique para que no supusiera una amenaza continua para el nuevo rey. Las órdenes se cumplieron rápidamente y murió apuñalado mientras rezaba arrodillado. El lugar de su asesinato fue la Torre de Wakefield, donde aparece cada año en el aniversario de su trágica muerte, el 21 de mayo, aunque su espíritu desaparece de la vista al filo de la medianoche.

Uno de los primeros fantasmas de los que se tuvo noticia en la Torre de Londres fue el arzobispo Thomas Beckett. Al parecer, hace muchos años unas obras perturbaron su descanso y empezó a hacer apariciones. En una manifestación especialmente aterradora, sostuvo una cruz en la mano para destrozar un muro recién construido, reduciéndolo a escombros. Enrique III sospechó que su abuelo era el responsable de la prematura muerte de Beckett, por lo que construyó una capilla en su honor. No hubo más interrupciones de la construcción en esa zona.

. . .

Thomas Beckett hizo otra aparición interesante cuando se estaba construyendo la Puerta del Traidor durante el reinado de Eduardo I. Los obreros montaban el arco sólo para encontrarlo hecho pedazos al día siguiente. Esto sucedía repetidamente, sin importar lo enfadado que estuviera Eduardo I. Una noche, sin embargo, algunos lugareños descubrieron lo que estaba pasando: El fantasma de Thomas Beckett desmontaba el arco a mano, ladrillo a ladrillo, durante la noche.

Cuando se comunicó esta noticia a Eduardo I, éste la rebautizó con el nombre de "Puerta de Santo Tomás" y los obreros de la construcción no tuvieron más problemas con ella.

La reina Ana Bolena fue una de las desafortunadas esposas del infame Enrique VIII. Acusada de delitos que no cometió, como incesto con su hermano y adulterio, fue encarcelada y decapitada en la Torre de Londres. Algunos testigos presenciales afirman que sus ojos y labios siguieron moviéndose después de que su cabeza fuera separada del cuerpo.

Su espíritu no está en paz y no sólo se la ha visto cerca del lugar de su ejecución, sino también encabezando una procesión de fantasmas por un pasillo de la capilla.

. . .

Un empleado de la Torre pasaba junto a la capilla cuando vio unas luces. Al asomarse, se sorprendió al ver una majestuosa procesión encabezada por Ana Bolena (a quien reconoció por sus pinturas y retratos). En la procesión había caballeros vestidos con armadura, así como damas y caballeros bien vestidos. Estas figuras fantasmales la seguían por el pasillo de la capilla, ataviadas con sus mejores galas, como si participaran en una procesión de gran importancia. En unos instantes, todo el grupo desapareció y la capilla volvió a quedar sumida en la oscuridad.

Sin embargo, a menudo aparece sola en la capilla, cerca del altar, donde fue enterrada en 1876, cuando la reina Victoria hizo trasladar su cuerpo a un lugar más apropiado que su tumba original sin nombre bajo los adoquines del presbiterio (1836). También se ha visto su cuerpo sin cabeza rondando por los pasillos de la Torre de Londres. Un guardia tuvo un encuentro especialmente inquietante con su fantasma en la Torre, donde estuvo encarcelada antes de su ejecución.

Un guardia de servicio en el castillo entró en una de las habitaciones a altas horas de la noche y divisó una figura oscura y encapuchada que caminaba hacia él. Bajó la bayoneta y ordenó al intruso que se detuviera, pero éste siguió recto hacia él con actitud amenazadora, cargando contra él, la bayoneta del guardia se hundió en el cuerpo. Inmediatamente, se dio cuenta de que cuando la capucha cayó hacia atrás no había cabeza y se encontró al otro lado de la habitación, en el suelo, y la figura había desaparecido.

Al mirar su reloj, se dio cuenta de que había estado inconsciente durante un tiempo considerable. El guardia estuvo a punto de ser sometido a un consejo de guerra por dormir en acto de servicio, pero varios de sus compañeros se presentaron para corroborar su historia con sus propios relatos de encuentros con el inquieto e infeliz fantasma de la reina Ana. No es de extrañar, teniendo en cuenta lo que le ocurrió, que no fuera muy amistosa con un guardia de la Torre de Londres.

Lady Arbella Stuart era la esposa de Guillermo Seymour, pero su matrimonio no sentó bien al rey Jaime I porque no pidieron su permiso previo para casarse. Guillermo fue enviado a la Torre de Londres como castigo, mientras que Arbella fue puesta bajo arresto domiciliario.

Inmediatamente, Arbella se puso a trabajar ideando un plan para ayudar a su marido a escapar de la Torre y poder empezar una nueva vida en Francia. Sin embargo, el plan fracasó cuando Guillermo no se presentó a tiempo. Arbella partió sola hacia Francia, pero no iba a permanecer libre mucho tiempo. Rápidamente fue reconocida y enviada de vuelta a Inglaterra. Esta vez no fue arresto domiciliario para Arbella, sino una larga estancia en la Torre de Londres.

. . .

Mientras tanto, Guillermo había conseguido abrirse camino hacia la libertad en Flandes. Arbella permaneció en la Torre hasta su muerte, aunque se cree que pudo ser asesinada.

Su fantasma se manifiesta en la Casa de la Reina, la habitación en la que permaneció hasta su muerte. También aparece en los alrededores de la Torre, donde llora y grita.

El fantasma de Arbella puede reconocerse en los cuadros; se cree que es responsable de un ataque al Gobernador de la Torre a principios de la década de 2000.

Un par de manos invisibles empujaron con tanta fuerza a la gobernadora que la expulsaron de uno de los dormitorios y la sacaron al pasillo.

En 1210, el rey Juan instaló un zoológico de animales en la Torre de Londres para su disfrute y entretenimiento, y a menudo los enfrentaba en peleas en beneficio de los invitados reales. En 1832, el duque de Wellington decidió trasladar a los animales a un zoo donde estuvieran bien cuidados y no sufrieran malos tratos. Sin embargo, los fantasmas de los animales parecían haberse quedado cerca de la Torre de Londres.

. . .

Los huéspedes han informado de que oyen sonidos de animales, en particular gritos de monos y rugidos de leones, cuando no hay nada presente que dé cuenta de esos sonidos.

Algunas personas han oído el golpeteo de los cascos de los caballos sobre los adoquines y su fuerte respiración, pero no se ve nada.

En un incidente, un guardia de la Torre abrió una puerta cuando vio que salía humo del suelo bajo ella. Al abrir la puerta, el humo se juntó en forma de un oso muy grande y furioso. En defensa propia, el guardia bajó su bayoneta y cargó, pero el enorme oso desapareció de su vista cuando la bayoneta atravesó su cuerpo.

El joven se desplomó y murió dos días después. Hicieron falta dos hombres para sacar la bayoneta de la puerta, pues estaba profundamente clavada. Uno no puede imaginarse el terror que experimentó este joven al clavar su bayoneta con tanta fuerza y morir tan tristemente después.

En los años ochenta, un joven empleado de la Torre de Londres estaba descansando y leyendo un periódico. Se sobresaltó bastante cuando entraron un par de hombres, ambos de aspecto bastante frágil y fumando pipas de arcilla en la Torre Byward. Cuando pasaron junto al guardia, uno de ellos giró la cabeza para mirar al sorprendido joven antes de desaparecer de su vista.

· · ·

Otra aparición en la Torre de Londres es conocida simplemente como La Dama Blanca, vista a menudo en los alrededores de la Torre Blanca. Principalmente los niños han visto a esta mujer rubia y de piel clara vestida con túnicas blancas saludándoles desde ventanas en lo alto de la Torre Blanca. Nunca se ha encontrado a nadie presente en esas habitaciones cuando ha sido avistada. Algunas personas perciben un abrumador olor a perfume barato y florido, que también se asocia con ella. Algunos dicen que su presencia les produce escalofríos, mientras que otros se quejan de una horrible sensación de que el mundo se cierra rápidamente a su alrededor. Su verdadera identidad sigue siendo desconocida.

En varias zonas del castillo, los visitantes tienen la sensación de que alguien les toca el hombro, como si quisiera llamar su atención. Cuando se giran, no hay nadie. Se desconoce el propósito de este golpecito, aunque parece más un gesto amistoso que malicioso.

Las palabras Torre de Londres evocan a menudo una sensación de peligro y tortura, y no sin razón. Si visita este enorme castillo, no se sorprenda por nada de lo que vea, sienta u oiga. Los fantasmas no son tímidos y han encontrado diversas formas de hacer notar su presencia.

· · ·

Si es usted una persona sensible, quizá le convenga evitar el lugar de la ejecución o renunciar a una visita guiada por la armadura del tristemente célebre rey Enrique VIII. De lo contrario, puede que te lleves más de lo que esperabas.

6

Castillo Fraser, Sauchen, Escocia

El castillo Fraser de Escocia es conocido por tres cosas: su ilustre diseño en forma de Z, su historia a veces brutal y los fantasmas que aún reclaman el majestuoso castillo y sus hermosas tierras. Asesinatos, traiciones, ejecuciones y todo tipo de intrigas políticas formaron parte de este castillo escocés.

Según la leyenda, una joven princesa estaba de visita en el castillo cuando fue asesinada. Dormía plácidamente en su cama de la Sala Verde, sin darse cuenta de que alguien planeaba su muerte. La mataron en su cama, pero cuando los asesinos arrastraron descuidadamente su cuerpo aún sangrante por una dura escalera de piedra, dejaron tras de sí un rastro manchado de sangre. Por mucho que los sirvientes intentaran eliminar esas manchas delatoras, volvían a salir inexplicablemente a la superficie de la piedra. Finalmente, recurrieron a cubrir la escalera con paneles de madera, supuestamente, los mismos que la cubren hoy en día.

Aunque consiguieron cubrir las manchas de sangre, el brutal acto no iba a permanecer en secreto. Esta joven infeliz sigue acechando los muros y pasillos del castillo Fraser hasta el día de hoy; a veces susurra en voz baja con un espeso acento escocés a los visitantes desprevenidos.

Otro fantasma del castillo de Fraser es Lady Marie Augusta Gabrielle Berenere Blanche Drummond. Falleció en 1874, pocos años después de casarse con Frederick Mackenzie Frazer. Se cree que la causa de su muerte fue la tuberculosis.

Aunque ya no vive, ha permanecido tanto en los terrenos del castillo como en su interior. Lady Drummond se manifiesta con un vestido negro largo y vaporoso como el que llevaba en vida y parece preferir la escalera como su lugar favorito. Aunque su marido se volvió a casar, ella sigue considerándose la señora del castillo.

También hay otras manifestaciones fantasmales. Muchos visitantes y miembros del personal han oído susurros incorpóreos, voces desconocidas e inquietante música de piano.

Otros han oído a niños reír, jugar, cantar y divertirse, incluso cuando no hay niños en el recinto. Esto parece ocurrir con más frecuencia cerca de la cocina del castillo y a veces va acompañado del sonido de un adulto que canta con voz apagada.

Algunos creen que estas voces incorpóreas pueden estar relacionadas con lo que se conoce como el "Lairds Lug", un sistema de escaleras, agujeros y escotillas ocultas en el interior de los muros que permitía al señor del castillo escuchar a escondidas a la familia, los sirvientes y los visitantes.

El Castillo de Fraser es un pintoresco lugar de la historia escocesa, pero si lo visita tenga en cuenta que algunos de los residentes de épocas pasadas siguen por allí. Se cree que los fantasmas son bastante amistosos y no le harán daño; si oye voces de niños o ve a Lady Blanche, recuerde que tienen más derecho que usted a estar allí.

Otro famoso castillo encantado es el de Leap, en Irlanda, cuya antigüedad bien puede remontarse al siglo XII. Como la mayoría de los castillos europeos, su historia está plagada de sangre y agitación. Además, el castillo de Leap se construyó sobre un lugar druida donde se celebraban ceremonias de iniciación.

Una de las víctimas del derramamiento de sangre que encontró su fin entre los muros del castillo de Leap fue un sacerdote, Thaddeus O'Carroll. Cuando su padre, jefe del clan O'Carroll, murió sin nombrar sucesor, quedó un vacío de poder. Thaddeus fue asesinado por el extremo afilado de una espada por su hermano, Teighe, mientras oficiaba una misa familiar. Cayó sobre el altar de la capilla y murió.

Como suele ocurrir con las víctimas de asesinato, no descansa en absoluto. Desde entonces, se han visto sombras misteriosas en la región del castillo donde residía. Estas sombras no tienen sentido ni parecen estar ligadas a nadie en el reino físico.

Imagínese que está paseando por el castillo, disfrutando de su belleza y su historia. El guía le lleva hasta un callejón y usted mira a su acompañante. Para su horror, ve a una mujer vestida con un largo y vaporoso traje escarlata que levanta una daga amenazadora, como si estuviera a punto de atacar a su amigo. Gritas y tiras de él, pero la mujer desaparece al instante. Usted se queda perplejo y su acompañante se avergüenza de su comportamiento hasta que el guía le explica que probablemente acaba de tener un encuentro con La Dama Roja.

Se cree que fue una joven capturada y violada repetidamente por miembros de la familia gobernante, los O'Carroll. Por si fuera poco, más tarde se quedó embarazada y tanto su vida como la de su hijo fueron cruelmente arrebatadas, aunque algunos dicen que mató al niño y luego se suicidó. Muchos creen que el cuchillo que empuña es el mismo que utilizó para quitarse la vida.

Otro grupo que tuvo una muerte prematura a manos del clan O'Carroll fue el de los McMahon.

Fueron invitados a lo que ellos creían que era un banquete para celebrar la victoria de los McMahon sobre el rival de los O'Carroll, pero el verdadero propósito del banquete era envenenar a los McMahon. Sus fantasmas han sido vistos vagando por los terrenos del castillo.

Otra trágica historia relacionada con el Castillo de Leap es la de la pequeña Emily, una niña de 11 años que murió al caer desde uno de los altos muros del castillo en el siglo XVII. Su pequeño cuerpo quedó aplastado y se rompió en el suelo, pero su espíritu sigue bastante activo. Parece que se reunió con su hermana Charlotte en la muerte y las dos siguen jugando activamente en los terrenos del castillo.

No es raro ver a la pareja jugando alegremente en el vestíbulo o en la escalera, a veces corriendo arriba y abajo como si no les importara nada. Sin embargo, algunos visitantes han visto un espectáculo mucho más oscuro: una niña que cae desde una de las almenas y desaparece antes de llegar al suelo. Otros han visto la forma de una joven arrastrándose, con sus piernas rotas e inútiles detrás de ella.

Un avistamiento recurrente en el recinto del castillo se produce cerca de una escalera. Los visitantes han visto a un hombre corpulento, de hombros anchos y poderosos, empujando un enorme barril de madera por la escalera. Tan pronto como llega a la cima de la escalera con gran esfuerzo, el barril vuelve a rodar hacia abajo.

Testigos presenciales han visto el barril llegar al pie de la escalera, pero entonces el hombre y el barril desaparecen de la vista. No se encuentra rastro de ellos hasta que deciden volver a aparecer. Según las descripciones de su tamaño, sería bastante difícil no verle.

Hay un "Eso" en el castillo, pero no como los que has visto antes. Imagina que estás de guardia en el castillo cuando percibes el olor de algo horrible. Te giras y olfateas un par de veces tratando de averiguar de dónde procede el olor.

Al dar unos pasos hacia la izquierda, el olor se vuelve tan abrumador que te encuentras inclinado y con arcadas. Al levantar la cabeza, ves una forma oscura entre las sombras.

Sin dejar de tener arcadas, intentas no perderla de vista; tiene el tamaño y la forma de una oveja, pero no tiene ojos.

. . .

El olor acaba por remitir, aunque tu estómago ya ha vaciado su contenido y la visión ha desaparecido.

Nadie ha proporcionado una descripción clara de Él, aparte de que tiene el tamaño de una oveja adulta bastante delgada y su cara parece estar pudriéndose, pero es inquietantemente similar a la de un humano.

También le faltan los ojos, que han sido sustituidos por inquietantes lagunas negras de absoluta oscuridad.

Se manifiesta con un horrible olor a carne podrida y azufre que provoca arcadas. Algunos se refieren a él como un Elemental, pero su naturaleza exacta sigue siendo un desconcertante misterio. Algunos creen que esta aberración se debió a Mildred Darby, una de las propietarias más recientes del castillo y la primera en ver la visión, y a su preocupación por el ocultismo y las artes oscuras. Otros insisten firmemente en que fue colocado en el terreno por los druidas para protegerlo y que los esfuerzos de Mildred en el espiritismo lo despertaron de nuevo.

Uno de los propietarios modernos del castillo era un historiador australiano llamado Peter Bartlett. Cuando empezó a restaurar el castillo, parece que los espíritus residentes se agitaron tanto que las manifestaciones paranormales empezaron a descontrolarse. Tras comprobar la actividad poltergeist, se dice que Bartlett contrató los servicios de una bruja blanca para ahuyentar a los numerosos espíritus persistentes en torno al castillo. Según ella, los espíritus prometieron que no causarían problemas y suplicaron que se les permitiera quedarse. Bartlett falleció antes de poder terminar las restauraciones.

El siguiente grupo en comenzar las reformas del castillo fue el de los Ryan.

Se encontraron con bastantes cosas extrañas y accidentes peligrosos, incluidas roturas de tobillos y rótulas, pero siguieron adelante con la restauración. Una vez terminada, bautizaron a su recién nacido en la Capilla de la Sangre.

Los fantasmas que residen en el Castillo de Leap llevan allí muchos años y no tienen intención de marcharse. No se sabe con quién o con qué se puede encontrar uno en una visita, ya sea con el Hombre del Barril, que parece que nunca consigue llevar ese barril a su destino final, o con It, un encuentro que puede dejarle mentalmente marcado de por vida. Afortunadamente, estos fantasmas no parecen querer hacer mucho daño a los visitantes, siempre que se recuerde ser respetuoso con su castillo.

. . .

El castillo de Eltz es otro castillo europeo que data del siglo XII y ha pertenecido a la familia Eltz durante treinta y tres generaciones. Situado en lo alto de una colina, en una isla casi aislada, algunos se preguntan si este aislamiento físico tiene algo que ver con sus fenómenos paranormales. Su apariencia gótica de cuento de hadas puede ser engañosa, ya que alberga una oscura historia.

La condesa Agnes Eltz no era una condesa estereotipada; desde que era una niña, se la describía como todo un marimacho. Prefería actuar y vestir del mismo modo que sus hermanos. Mientras la mayoría de las niñas de la nobleza se entretenían tomando el té, Agnes jugaba a los caballeros.

Murió defendiendo su castillo de un pretendiente que ella consideraba indeseable. Su padre la había prometido en matrimonio al caballero de Braunsberg, pero después de conocerlo no le pareció un futuro marido adecuado. Sin embargo, la decisión de su padre se mantuvo. A lo largo de los años se encontraron, pero Inés ignoraba a su prometido, como si eso pudiera hacer que desapareciera.

Cuando se acercó el momento de su boda, se hartó de su comportamiento; durante una fiesta en la que celebraban sus próximas nupcias, agarró a Agnes, la arrastró a la pista de baile y la besó a la fuerza. Ella le dio una fuerte bofetada en la cara, lo que provocó que él arrojara sus guantes a los pies de la familia, en señal de amenaza, y se alejara a toda prisa.

. . .

Unos meses más tarde, él y sus hombres volvieron a asediar el castillo; sin embargo, esperó a que los hombres de la familia estuvieran fuera en un viaje de caza. Inés decidió defender la fortaleza de su familia y se puso la armadura de su hermano para luchar. Cargó contra su ex prometido cuando éste entró en su casa. Lucharon y él la mató, sin darse cuenta de quién era el de la armadura hasta que le quitó el casco. Imagina su sorpresa cuando el objeto de sus afectos fue asesinado por su propia mano.

Hoy en día, la coraza y el hacha de batalla de Agnes se exhiben en la que fue su habitación.

Nunca se alejaba demasiado de sus armas, lo que parece continuar hoy en día. Se dice que deambula por los pasillos a altas horas de la noche, como si estuviera de guardia. Las puertas se abren y cierran misteriosamente y el personal a menudo encuentra puertas cerradas abiertas y viceversa.

El patrón con el que se abren estas enormes y antiguas puertas de madera sugiere que alguien recorre el recinto para mantener el castillo a salvo. Además, los objetos se trasladaban de un día para otro, y no sólo objetos pequeños, como un jarrón o un libro, sino también enormes cañones expuestos por todo el castillo, lo que requiere una cuadrilla de hombres para moverlos con éxito.

. . .

Algunos dicen que el caballero de Braunsberg sigue rondando el castillo, angustiado por cómo sucedieron las cosas con Agnes. Nunca se le volvió a ver después de matar a Agnes en la batalla, pero muchas veces por la noche la gente ve la figura de un caballero montando a caballo de un lado a otro frente al castillo, como si esperara a que alguien saliera a hablar con él. ¿Acaso está esperando a Agnes?

El honor y la protección de la familia eran muy importantes para los Eltz, especialmente para Agnes. Es significativo que esta joven mujer sintiera tanto la santidad de su hogar que aún hoy lo protege, a pesar de que en su época esta tarea rara vez recaía en las damas de la casa.

Si visitas el castillo de Eltz, especialmente de noche, no te asustes si te encuentras con la condesa Agnes; sólo recuerda ser respetuoso con su hogar y todo irá bien.

Castillo de Arundel, West Sussex, Inglaterra

El castillo de Arundel es una imponente estructura medieval fundada en 1076 d.C. A lo largo de los años ha cambiado muchas veces de manos y ha sido testigo de intrigas políticas.

Este magnífico castillo se ha mantenido a lo largo de los años y ofrece lo último en comodidades y confort modernos. Además, se supone que está embrujado por al menos cinco espíritus concretos y probablemente por muchos más.

Uno de los espíritus que siguen residiendo en el castillo de Arundel es el primer conde de Arundel, Roger de Montgomery Temprano, responsable de su construcción.

. . .

Sus apariciones parecen limitarse a vigilar su obra maestra desde la Torre del Homenaje.

Los que lo han visto comentan la intensidad con la que observa lo que ocurre debajo de él.

Se cree que otro de los espíritus que rondan el castillo de Arundel no es humano. A menudo aparece como un pájaro grande y blanco parecido a un búho; esta entidad paranormal revolotea en las ventanas, como si intentara encontrar un lugar donde posarse y mirar en el interior.

La leyenda afirma que cada vez que ha aparecido, alguien que vivía en el castillo o estaba estrechamente vinculado a él ha perecido. La gente cree que este espíritu es una especie de presagio de la muerte. Algunos relacionan su presencia con uno de los duques del pasado, que solía tener una colonia de búhos americanos blancos en los terrenos del castillo.

Se dice que una joven llamada Emily puso fin a su vida saltando desde la Torre Hiorne tras el trágico final de una tumultuosa relación amorosa. Se enamoró de un obispo residente en el castillo y descubrió que estaba embarazada. Él la rechazó y renegó de su hijo.

. . .

El dolor de Emily era tan grande que decidió acabar con todo, pero según quienes han sido testigos de su fantasma parece que no terminó.

Muchos visitantes y residentes han visto a una joven vestida de blanco al borde de la torre, como si estuviera a punto de saltar. Sus apariciones suelen tener lugar las noches en que la luna ilumina el campo, lo que hace que su aparición sea aún más sobrenatural.

Otros residentes y empleados del castillo han informado de la aparición de un ayudante de cocina fantasmal hace unos 200 años. Se cree que es un chico joven y se le ha oído fregar enérgicamente ollas y sartenes o moverse por la cocina, pero nadie le ha visto nunca.

Se dice que este joven pinche de cocina es el fantasma de un joven sirviente que murió a causa de los malos tratos que recibió durante su estancia en el castillo. Su supervisor, dice la historia, le torturó y golpeó hasta que su pequeño cuerpo no pudo aguantar más.

La biblioteca es el hogar de otro espíritu que mora silenciosamente en el castillo de Arundel. Sus avistamientos se remontan a la década de 1630; su estilo de vestir sugiere que podría haber sido un caballero. Sus apariciones se limitan a la biblioteca del castillo, lo que sugiere que podría haber sido un ratón de biblioteca tanto en vida como en muerte.

Se le suele ver vestido con finísimas prendas de seda azul (por lo que muchos se refieren a él como el Hombre Azul) y flotando entre los libros, como si buscara uno nuevo para leer. También se le ha visto leyendo libros, pero nunca el mismo libro y sólo aparece unos minutos antes de desaparecer.

Otro fantasma del castillo de Arundel es un perrito negro que, al igual que el Hombre Azul, también parece preferir la biblioteca. Se cree que fue la mascota del decimotercer conde de Arundel, condenado a muerte por negarse a renunciar al catolicismo romano.

Aunque fue condenado, nunca se cumplió y pereció encarcelado en la Torre de Londres con su perrito negro a su lado. Este can, curiosamente, solo ha sido visto por niños y nunca por un adulto.

Un lacayo en prácticas del castillo en 1958 cruzaba la planta baja del castillo para apagar las luces del puente levadizo.

. . .

Cuando empezaba a cruzar el puente levadizo, algo llamó su atención caminando hacia las dependencias de la servidumbre.

A primera vista parecía la cabeza y los hombros de un hombre de unos veinte años, pero al mirarlo más de cerca se dio cuenta de que lo que supuso que era una larga cabellera gris era en realidad la capucha de una túnica gris con mangas sueltas y todo por debajo de la cintura estaba borroso como una foto desenfocada.

Armándose de valor para enfrentarse a este intruso, el lacayo comenzó a caminar hacia el hombre con confianza y agresividad; sin embargo, cuanto más se acercaba el lacayo al hombre, más se desvanecía su figura hasta que finalmente desapareció por completo.

En el castillo de Arundel no faltan fantasmas, desde el hombre que construyó el castillo y aún lo vigila hasta un espíritu vestido con túnica que casi mata del susto a un lacayo. Este castillo es sin duda uno de los más paranormalmente activos de Inglaterra, pero afortunadamente la mayoría de los fantasmas parecen bastante amistosos, especialmente el ratón de biblioteca que nunca abandonaba la biblioteca.

8

Castillo de Moosham, Salzburgo, Austria

Este impresionante y majestuoso castillo a las afueras de Salzburgo parece el escenario de un mágico cuento de hadas, pero las historias de magia asociadas a él no son de las que tienen un final feliz.

El castillo de Moosham tiene un aspecto particular que lo diferencia de la inmensa mayoría de los castillos del mundo: fue escenario de muchos juicios de brujas. Su historia, que afortunadamente no siempre fue tan sangrienta como durante los juicios de brujas, se remonta al menos a 1191 d.C.

Se le ha dado el sobrenombre de "Castillo de las Brujas" no sólo por las muertes que allí se produjeron, sino también porque los espíritus de las brujas acusadas aún persisten en sus inmediaciones.

. . .

Lugareños y visitantes han avistado sus espíritus en suficientes ocasiones como para sugerir que, en efecto, son víctimas de la sangrienta caza de brujas.

Las mujeres eran ejecutadas y sometidas a torturas y suplicios para demostrar que eran brujas. Muchas jóvenes confesaron ser brujas sólo para detener el dolor y la agonía.

Fueron cientos, sino miles, las mujeres que murieron en los terrenos del castillo de Moosham, con edades comprendidas entre los 10 y los 80 años, muchas de ellas menores de 21 años. La mayoría eran mendigas sin nadie que las protegiera o se preocupara por lo que les sucediera. Los niños y los jóvenes no estuvieron exentos de los juicios por brujería, que se cobraron tantas vidas inocentes en tan poco tiempo.

Las personalidades de los fantasmas son tan variadas como las de los acusados que encontraron la muerte. Un fantasma en particular sigue siendo hostil y vengativo, burlándose brutalmente de los visitantes del castillo y esforzándose por hacerles sentir incómodos. Otros son más discretos, respiran sobre los visitantes, emiten sonidos inquietantes y les tocan ligeramente. Algunos fantasmas se divierten dando portazos, golpeando las paredes o confundiendo a la gente con el sonido de pasos que no van acompañados de pies visibles.

También son frecuentes los avistamientos, muchos de ellos en forma de nieblas blancas y brillantes que flotan de forma sensible y se disipan de repente.

En una habitación en particular, conocida como la Habitación de Toni, una oscura presencia ha permanecido durante cientos de años. Esta presencia no es uno de los fantasmas de las brujas, sino que se cree que es el hombre encargado del juicio por ordalía y las torturas de las jóvenes acusadas. Se le conoce como el esbirro Toni y, en un tiempo, este poderoso hombre actuó como ujier del tribunal.

La habitación que frecuenta era su aposento y su amenazadora presencia basta para que muchos visitantes se alejen de ella. Cuenta la leyenda que hizo un pacto con el Diablo y que, cuando murió, éste se presentó a las puertas del castillo para reclamar su alma.

La cámara de tortura, donde tuvieron lugar estos abominables abusos, es otro lugar de manifestaciones paranormales. Algunas han sentido que manos invisibles les tocaban las piernas, como si las jóvenes siguieran allí encadenadas y pidieran ayuda a los visitantes. A otras les han acariciado o tirado del pelo, quizá los espíritus de los torturadores al confundirlas con nuevas víctimas. Muchos han informado de la sensación de que alguien está tan cerca que puede sentir su aliento caliente en la mejilla o el cuello.

Sea cual sea el origen de estas manifestaciones, quienes las experimentan las encuentran bastante perturbadoras.

La sala de espera frente a la cámara también es bastante inquietante, y parece estar llena de una presencia ominosa y aterradora. Incluso se han movido muebles sin que intervinieran manos humanas; los objetos se encontraban en lugares extraños sin que nadie vivo fuera responsable de ello.

Otra historia escalofriante asociada al castillo de Moosham es la de dos hermanos cuyo odio mutuo era tan grande que se mataron en una pelea. Fueron enterrados en los terrenos del castillo y muchos esperaban que al morir encontraran por fin la paz.

Sin embargo, se dice que su odio era tan poderoso que se extendía más allá de la tumba. Algunos testigos afirman que sus fantasmas salen de las tumbas y siguen luchando hasta el amanecer.

. . .

Este castillo de cuento de hadas tiene una historia oscura y manchada de derramamiento de sangre inocente. Los espíritus de las víctimas y de los autores parecen haber permanecido entre sus muros, negándose a descansar.

No se asuste si le tocan, le respiran o escucha ruidos extraños y tenga en cuenta que, según los rumores, la zona boscosa que rodea el castillo fue en su día el hogar de un clan de hombres lobo. Es mejor que no lo visites en luna llena.

Castillo de Houska, Praga, República Checa

Este majestuoso castillo gótico se alza orgulloso y poderoso en la República Checa. No cabe duda de que funcionó bien para rechazar a los que penetraban sus muros, pero según la leyenda el castillo pudo haber sido construido para mantener algo dentro más que para mantener a otros fuera.

Al parecer, este castillo de principios del siglo XIII se construyó alrededor de un cráter, aunque en años posteriores se remodeló para convertirlo en un castillo de estilo renacentista. Sin embargo, la remodelación no mejoró su amenazadora reputación.

Hay muchos lugares en el mundo con fama de ser una Puerta al Infierno, pero no se oye hablar de muchos castillos construidos para proteger dicha puerta de miradas indiscretas y curiosos.

Hace muchos años, se tenía noticia de extrañas criaturas con enormes alas en forma de murciélago que salían del cráter de piedra caliza cuando se ponía el sol para aterrorizar al campo. Se creía que estas horribles criaturas eran demonios surgidos de las profundidades del Infierno o el engendro mitad humano, mitad demonio, de uniones indescriptibles.

Los aldeanos, aterrorizados, se negaban a salir de noche y nadie se acercaba al cráter ni siquiera a plena luz del día. Al principio, mataban y mutilaban al ganado local. Luego se extendieron los informes de que estos seres arrastraban a la gente al cráter y que nunca más se les volvería a ver. Los intentos de llenar el agujero fueron infructuosos, ya que carecía de fondo... o de un hambre insaciable.

Un valiente equipo de albañiles trató de proteger a los inocentes aldeanos y campesinos de la zona para tapar el cráter del que procedían los demonios. La leyenda local afirma que, antes de sellar el portal, se concedió a los prisioneros de las comunidades cercanas la oportunidad de ser perdonados de sus crímenes si se dejaban bajar al cráter e informaban de sus hallazgos.

. . .

Un prisionero accedió a hacerlo. Cuando empezaron a bajarlo, una brisa helada llegó desde algún lugar de las profundidades.

Justo cuando la luz del sol de arriba empezaba a desvanecerse en la oscuridad de la fosa, se desató el infierno.

Apenas pudo distinguir algo que volaba desde abajo y chilló desesperado para que le subieran. El terror paralizó su mente y le hizo perder el conocimiento antes de sentir un tirón de la cuerda que le elevaba a la superficie. Al parecer, sintió algo tan maligno y oscuro que no pudo describírselo a nadie, ni siquiera al párroco.

Cuando recobró el conocimiento, seguía gritando hasta que se le fue la voz por completo. Por la expresión de las caras de quienes le rodeaban, supo que algo iba mal. Descubrió que había envejecido 30 años en cuestión de segundos y que su pelo, antes negro azabache y brillante, era blanco como la nieve recién caída y así permaneció el resto de su vida. Además, su rostro, antes bastante liso, estaba surcado por profundas arrugas.

Inmediatamente después fue ingresado en un manicomio y falleció de shock pocos días después.

• • •

Se dice que los demonios siguen presentes, pero atrapados en los muros de los niveles inferiores del castillo.

Las pruebas sugieren que el castillo de Houska no se construyó para proporcionar refugio o espacio vital, ya que carece de cocina, una necesidad para mantener incluso al grupo más pequeño de habitantes. Lo que resulta aún más desconcertante es que no tiene fortificaciones que lo protejan de los invasores, lo que sugiere que se construyó para guardar algo en su interior.

Las ventanas de los muros eran sólo aparentes, ya que los planos acristalados tenían muros justo detrás. No hay fuentes de agua disponibles para el castillo, lo que habría sido necesario si alguien fuera a vivir allí. Tampoco se construyó cerca de ninguna ruta comercial, lo que añade misterio al castillo de Houska.

Dentro del castillo hay una capilla, supuestamente construida sobre la boca del Infierno con un grueso suelo de piedra. Las paredes de la capilla estaban siempre húmedas, incluso durante las sequías más largas. En las paredes hay frescos que cuentan una historia aterradora. Se cree que son algunos de los frescos más antiguos de Europa y muestran criaturas extrañas que no se encuentran en las obras de arte cristianas típicas. Otros frescos representan la derrota de dragones. ¿Podrían representar a las criaturas selladas bajo el suelo de la capilla?

Testigos y visitantes han oído un sonido procedente del antiguo y pesado suelo de la capilla que sólo puede describirse como un coro de gritos inhumanos. Además, se han oído voces que hablan o gritan en un idioma indescriptible, pero nunca se sabe cuál es la fuente. Otros han visto en la capilla una criatura que describen como parte bulldog, parte rana y parte humana.

Esta reputación infernal se vio reforzada cuando se descubrió que las SS nazis habían ocupado el castillo, utilizándolo como lugar de actividades ocultistas, experimentos con portales extradimensionales e intentos de construir armamento sobrenatural. Se dice que las historias que rodean el castillo de Houska fueron las que atrajeron la atención de Hitler en primer lugar.

Tras la ocupación nazi del castillo, los lugareños encontraron esqueletos monstruosos de bestias que no eran ni totalmente humanas ni totalmente animales. Se desconoce si estas criaturas fueron conjuradas por los experimentos ocultistas nazis o si se remontan a tiempos más lejanos. Sin embargo, la mera existencia de estas criaturas es bastante inquietante, sobre todo si se combina con los restos de soldados alemanes ejecutados que se hallaron enterrados en el patio interior.

Todos los registros y señales de su actividad allí entre 1939 y 1945 fueron destruidos, por lo que no se sabe exactamente qué hacían.

Además de los experimentos con la física y lo sobrenatural, algunos creen que el castillo de Houska se utilizaba como lugar de cría de arios puros para la raza superior. También se cree que los nazis utilizaban la capilla como lugar principal para sus actividades ocultas. Fuera cual fuera su uso, las tropas aliadas tuvieron que limpiar los alrededores de minas terrestres antes de entrar, un claro indicio de un propósito importante. A día de hoy, no se permite excavar en el castillo de Houska ni en sus alrededores por temor a encontrar explosivos nazis ocultos.

Incluso antes de que los nazis tomaran posesión del castillo Houska para sus actividades ocultistas, un mago negro y mercenario sueco llamado Oronto estableció su hogar en este castillo y montó un laboratorio en 1639. Lo que hacía entre sus muros era tan maligno y perturbador que los campesinos locales se encargaron de asesinarlo para poner fin a su trabajo.

. . .

La mayoría de los visitantes del castillo describen la sensación de ser observados por algo muy maligno. Esta sensación es tan fuerte que muchos visitantes se quedan poco tiempo antes de que el miedo y la aprehensión les hagan marcharse. Los perros se comportan de forma extraña y se asustan si se les lleva dentro de los muros del castillo, aunque sus dueños no vean ni oigan nada. Incluso los animales salvajes tienden a alejarse de la zona próxima al castillo, como si presintieran un grave peligro.

A menudo se encuentran pájaros muertos en su patio por causas desconocidas.

Algunos visitantes han relatado una escena escalofriante que dura varios minutos. Se ha visto una fila de personas encadenadas, cada una de ellas con algún tipo de lesión horrible y grotesca, caminando hacia el castillo, empujadas por un gran perro negro que se deleita mordiéndolas o atacándolas directamente a medida que se acercan lentamente a los muros del castillo.

Como ya se ha mencionado, se cree que hay criaturas demoníacas atrapadas entre los muros de los pisos inferiores. Por la noche, los valientes que se encuentran en el castillo o cerca de él dicen oír el sonido de garras que rasgan, arañan y golpean las paredes. Otros han presenciado apariciones de cuerpo entero deambulando por los pasillos del castillo de

Houska por la noche, tal vez restos de la actividad nazi que tuvo lugar en los terrenos. Los cuidadores del castillo han informado de que han visto el fantasma de un hombre sin cabeza caminando a trompicones por el patio mientras le brotaba sangre del cuello.

Un par de invitados que exploraban la zona conocida como el Pabellón de Caza oyeron un fuerte golpe en el suelo. La dama del grupo se volvió instintivamente para mirar el origen del sonido; vio dos figuras sombrías que se le acercaban desde la escalera.

Su forma general era humana, pero cuando les miró a la cara carecían por completo de rasgos. El terror se apoderó de ella y fue incapaz de moverse, y mucho menos de avisar a su compañera. Las sombras se acercaron a ella, le susurraron al oído que iban a matar a unas chicas y desaparecieron. Ni que decir tiene que abandonó la zona de inmediato para no volver jamás.

Las criaturas aladas tampoco han desaparecido del todo. Ya en el siglo XIX se tenían noticias de criaturas negras que volaban por el patio interior, posiblemente atrapadas por algún sigilo invisible que no les permitía escapar más allá del castillo.

Hay un fantasma bastante normal (y sí, existen los fantasmas normales) que ha decidido hacer del castillo de

Houska su residencia en la otra vida. Se la ha visto asomarse por una ventana del piso superior (el castillo modernizado tiene ventanas de verdad), vestida con un vaporoso vestido blanco, mientras que otros la han visto deambulando por los pasillos. Nadie ha especulado sobre quién es o por qué está allí, pero muchos la han visto.

Sin duda, el sótano de un castillo así estaría bastante embrujado, y el de Houska no es una excepción, sobre todo por ser apodado el despacho de Satanás, ya que supuestamente la atmósfera está impregnada de maldad y oscuridad.

Algunos afirman que se puede encontrar un trono de aspecto peculiar con un tridente. Los visitantes y el personal que se aventuran valientemente (o temerariamente) en el sótano han descrito la aparición de un sacerdote vestido totalmente de negro sin rasgos faciales perceptibles. Se le suele ver sentado en la silla, como si ocupara el trono que le corresponde. Para sorpresa de los espectadores, se levanta, sube los escalones del sótano y desaparece.

Si tienes la oportunidad de visitar el castillo de Houska, no hagas nada que libere lo que pueda contener... a menos que quieras acabar como el prisionero que bajaron al portal: loco y luego muerto. Hay mucho que ver, sentir y experimentar en el castillo sin despertar a ninguna criatura mitad humana, mitad demonio en este escalofriante castillo.

10

Castillo de Chillingham, Northumberland, Inglaterra

Otro castillo encantado situado en Inglaterra es el castillo de Chillingham. En lo que a castillos se refiere, parece haber sido diseñado para ser más práctico que bello, con un exterior más bien sencillo y una forma rectangular, lo que posiblemente se deba al hecho de que fue construido originalmente como monasterio en el siglo XII. Este castillo de 800 años de antigüedad ha sido testigo de dramas, derramamientos de sangre y alegrías, y sus habitantes fantasmales son bastante activos.

Uno de los espíritus residentes es conocido como "El Chico Azul" o "Chico Radiante" y, como su nombre indica, aparece en relación con el color azul, normalmente como una luz azul o un halo azul.

. . .

Hace muchos años, durante unas obras de renovación, se encontró un hueco secreto detrás de uno de los muros de tres metros de grosor del castillo; los obreros hallaron dos conjuntos de restos, uno de ellos perteneciente a un muchacho joven con unos cuantos retazos de ropa azul envejecida y hecha jirones.

Cuando se examinó el esqueleto más de cerca, se encontraron graves daños en el hueso que comprometían las puntas de sus dedos, lo que sugiere que había sido encerrado vivo tras el muro y se había desgarrado los huesos de las manos al luchar por liberarse. Sus restos fueron enterrados y, según la leyenda, las apariciones del Niño Azul cesaron por completo tras el hallazgo de sus restos. Sin embargo, cuando la gente empezó a utilizar la habitación, volvió a aparecer.

Los visitantes oyen por primera vez el sonido de un lamento fuerte, lastimero y plagado de dolor, seguido de un halo de luz azul resplandeciente que flota sobre la cama o, en raras ocasiones, la aparición completa de un joven vestido con ropas de color azul pálido. A veces hay un destello de luz azul como una chispa eléctrica, pero no existe ningún cableado donde se vea esta chispa. Este fenómeno sólo se produce a medianoche y los gritos parecen provenir de la pared donde se encontraron sus restos.

. . .

Cerca de la cocina hay una despensa interior donde se guardó la platería durante cientos de años.

Esta plata era muy valiosa, por lo que siempre se designaba a un lacayo para custodiarla, que incluso dormía junto a la despensa por la noche. Una noche, un lacayo se estaba acostando cuando se le acercó una mujer vestida de blanco.

Se sobresaltó bastante, ya que no había ninguna razón para que ella estuviera en la zona del castillo por la noche. Se dio cuenta de que estaba tan pálida que casi parecía sobrenatural. Empezó a suplicarle un poco de agua. Suponiendo que se trataba de una huésped perdida del castillo, estaba a punto de procurarle un poco de agua cuando se dio cuenta de que estaba encerrado, por lo que nadie podía haber entrado.

De repente, la mujer desapareció de la vista. Algunos dicen que su ansia de agua y su aspecto pálido sugieren que fue envenenada en vida. Nunca se ha descubierto su verdadera identidad, pero sigue apareciendo cerca de la despensa interior.

Una cámara de tortura y una mazmorra se añadieron al monasterio después de que se convirtiera en el castillo de Chillingham. Allí, muchos hombres, mujeres y niños escoceses fueron torturados de las formas más brutales y depravadas. Gran parte del equipo de tortura aún reside en el castillo como prueba de los horribles actos cometidos entre sus muros. Ni que decir tiene que la cámara de tortura está encantada.

En una ocasión, durante una visita guiada de fantasmas, ocurrió algo de lo más inesperado. Una de las herramientas originales del castillo, una gran rueda de tortura, estaba a un lado de la sala con un maniquí sobre ella para mostrar cómo se utilizaba. Cuando el reloj marcó las dos de la madrugada, la rueda de pinchos empezó a rodar hacia la cámara tan recta y firme como si un par de manos invisibles la estuvieran guiando. En el momento en que dejó de rodar, uno de los perros guardianes del castillo reaccionó: se le erizó el pelo de la espalda, sus labios se echaron hacia atrás mostrando los dientes y gruñó ferozmente... a la nada.

La Sala Eduardo, más conocida como la Sala de la Muerte, es una cámara en la que los niños veían morir a sus padres a manos de un verdugo antes de encontrar su propio trágico final poco después. Esta sala no es del todo popular entre los visitantes debido a la abrumadora tristeza y desesperación que la impregna junto con el hedor cobrizo de sangre humana que muchos visitantes huelen al entrar.

Hay una capilla junto al Gran Salón del castillo de Chillingham en la que muchos visitantes han oído hablar a dos hombres, aunque sus palabras no eran lo bastante claras como para entenderlas. En cuanto se intenta localizarlos, es como si supieran que han sido descubiertos y desaparecen.

Aunque se les ha oído muchas veces, nadie ha podido dar con su paradero.

Otro habitante fantasmal de la capilla es una niña a la que han llamado Eleanor. Es conocida por su capacidad para mover las luces a petición del personal del castillo moderno.

Algunos fantasmas nunca revelan su presencia visualmente, pero la gente sabe que están ahí de todos modos. Puede ser su poderosa presencia llenando de repente una habitación, una atmósfera opresiva que casi te obliga a marcharte, un susurro en el oído o un escalofrío que te invade durante un momento fugaz. Puede que sientas la mano de alguien en el brazo, como si intentara llevarte a algún sitio o dirigir tus pasos. Puede que te tiren del pelo, que te arañen los brazos o, peor aún, que te muerdan con unos dientes poderosos pero invisibles.

Hay quien dice que las losas desgastadas del patio y las murallas que proyectan sombras son especialmente espeluznantes por la noche. Algunos visitantes afirman haber visto sombras que se movían y cambiaban de forma, como si estuvieran vivas e interactuaran en su propio mundo.

• • •

Una de las residentes más modernas del castillo, Lady Tankerville, de los años veinte, ha tenido varios encuentros paranormales entre los muros del castillo.

En una ocasión, sintió de repente un peligro inminente al ver ante ella a un hombre vestido como el rey Enrique VIII que se paseaba de un lado a otro de la habitación, así como a una abadesa de pie cerca de ella. Se dirige a ellos y les pregunta si puede hacer algo por ellos.

Lady Mary Berkeley aún vaga por los pasillos del castillo, al parecer en busca de su marido mujeriego que huyó con su hermana, Lady Henrietta. La historia de Lady Berkeley es realmente trágica. Su marido la dejó sola en el castillo con su bebé recién nacido mientras él se marchaba con Lady Henrietta. Muchos han oído el susurro de su largo vestido mientras buscaba por los pasillos. Se dice que a menudo deja a su paso una brisa fría que hiela los huesos.

Un guía turístico pasó algún tiempo cerca de los Árboles Colgantes (utilizados para algunos métodos particularmente brutales de ahorcamiento) muy tarde por la noche. Dijo que, mientras estaba allí, algo le agarró, le levantó por los aires y le arrojó de espaldas al suelo. La experiencia le dejó petrificado, pero no se dejó amilanar.

. . .

Son muchos los que afirman que el castillo de Chillingham es el lugar más embrujado de Inglaterra, pero, como ocurre con todo, eso es discutible. Cabe destacar que el actual propietario no ha declarado haber visto ningún fantasma, pero hizo que un sacerdote exorcizara el lugar antes de mudarse.

Sin embargo, el sacerdote afirmó no haber tenido éxito en desviar a los fantasmas residentes, que, según él, eran demasiado numerosos y poderosos para que él pudiera expulsarlos. Años más tarde, el sacerdote regresó e informó de que los fantasmas estaban encantados con el nuevo propietario, lo que podría explicar su distanciamiento.

11

Castillo de Larnach, Dunedin, Nueva Zelanda

ESTE IMPONENTE CASTILLO, poco habitual en Nueva Zelanda, es conocido no sólo por sus hermosos jardines, sino también por los fantasmas que lo rondan. William Larnach inició su construcción en 1871 y se terminó 16 años después.

Cuando se construyó, el castillo estaba casi completamente aislado, ya que se alzaba en la cima de una remota colina.

La familia Larnach vivió muchas tragedias y tristezas en el castillo, y sus espíritus parecen haber perdurado.

El salón de baile del castillo se construyó como regalo de 21 cumpleaños para la hija favorita de Larnach, Kate.

. . .

Sólo tuvo unos años para disfrutarlo antes de caer víctima del tifus a la temprana edad de 26 años. Se dice que su fantasma aún adora el salón de baile y lo frecuenta.

Se cree que Kate es la responsable de poner los pelos de punta a la gente al entrar en el salón de baile y de tocar la nuca de los visitantes.

También se cree que su madre, Eliza Larnach, sigue viviendo en el castillo, rondando por el salón de baile y afligida en el piso de arriba. Eliza no estaba muy contenta con la ubicación remota del castillo y se decía que era infeliz allí.

Murió de un derrame cerebral a los 38 años y Guillermo se casó precipitadamente con su hermana Mary, más joven y guapa. Ella también murió a los 38 años, pero por envenenamiento de la sangre.

Larnach se casó de nuevo a los 62 años, esta vez con una mujer llamada Constance, de edad cercana a la de sus propios hijos. Poco después de la muerte de su hija, William descubrió que Constance tenía una aventura con su hijo Douglas, lo que, combinado con la amenaza de la ruina financiera y la inminente bancarrota, fue demasiado para Larnach, que se suicidó de un disparo en la cabeza.

. . .

Un fantasma que se supone que es William Larnach fue grabado en el salón de baile durante un episodio de *Ghost Hunters International*. También frecuenta la sala de billar del castillo, sin duda en busca de una buena partida.

En los años 90 se representó en el salón de baile del castillo de Larnach una obra sobre la familia Larnach titulada *Larnach, castillo de mentiras*. Los asistentes a la representación recuerdan una terrible tormenta que se desató aquella noche justo cuando empezaban a llegar los invitados. El granizo caía con ferocidad, haciendo eco en los tejados de hierro hasta que era casi imposible oír a los actores. Los vientos eran tan intensos que el humo de las chimeneas salía despedido hacia las habitaciones. La confusión se produjo cuando el humo empezó a hacer toser a la gente y a dificultar la visión. A pesar de todo, el espectáculo continuó.

Al comenzar la obra, las puertas de todo el castillo se abrieron por sí solas y el salón de baile se volvió antinaturalmente frío en un instante. Tal vez los invitados del más allá también se habían reunido en el salón de baile para ver la obra y emitir su juicio sobre ella.

En el momento culminante de la obra, se representó ante el público el suicidio de William Larnach. Cuando el actor se puso la pistola de atrezo en la sien, se produjo un tremendo y cegador destello de luz blanca.

. . .

Los espectadores supusieron que se trataba de un efecto escénico, pero no fue así y el actor murió. Puede que William Larnach no aprobara la obra y que los demás fantasmas pensaran que sus tragedias familiares no debían servir de entretenimiento a los demás.

Además de las apariciones de miembros de la familia Larnach, se han recibido muchos informes de sucesos insólitos en el castillo. Los visitantes han sido tocados por manos invisibles, empujados violentamente por asaltantes invisibles y han sufrido todo tipo de sucesos extraños.

Una pareja de intrépidos y experimentados cazadores de fantasmas se alojó en las caballerizas del castillo, otro punto caliente de lo paranormal, sólo para verse obligados a buscar otros dormitorios mucho antes de que acabara la noche.

En un incidente más reciente, dos visitantes disfrutaban del hermoso mobiliario de la sala de música cuando una presencia invisible se interpuso entre ellos y los separó.

. . .

Desconcertados, decidieron trasladarse a otra parte de la sala. Unos minutos más tarde decidieron volver al mismo lugar, curiosos por ver si volvía a ocurrir.

Al acercarse al lugar, oyeron que el mueble de pared situado junto al lugar en el que se encontraban empezaba a chirriar y a balancearse. Decidieron dirigirse de nuevo a otra habitación antes de que ocurriera algo peor.

El personal y los residentes han informado de que las puertas se abren y cierran durante toda la noche sin ninguna intervención física, lo que lleva a muchos a creer que se trata del fantasma de William Larnach. También se dice que su última esposa, Constance, aparece en los terrenos del castillo. Se la ha descrito como una hermosa mujer vista flotando en el aire, de ahí su apodo de "La Dama Flotante".

El castillo de Larnach, con sus hermosos jardines y su impresionante arquitectura, sigue siendo uno de los lugares más encantados de Nueva Zelanda. No se sorprenda si se encuentra con algunos de sus habitantes originales si hace una visita, y puede que tampoco quiera mencionar esa obra.

12

Castillo de Charleville, Tullamore, Irlanda

El castillo de Charleville está situado en uno de los bosques más antiguos de Irlanda, repleto de robles primigenios, los árboles sagrados de los druidas y un antiguo círculo de iniciación druida. Además, esta majestuosa fortaleza de estilo gótico está construida sobre un cementerio druídico.

El castillo de Charleville es uno de los más jóvenes de este libro, ya que fue construido en 1798. Por razones que aún se desconocen, fue abandonado en 1912 y restaurado en 1971, cuando los fantasmas empeoraron.

El residente espectral más famoso del castillo es Harriet, una niña de 8 años que tuvo un final muy desafortunado en el castillo de Charleville. La habían mandado arriba para que se lavara antes de comer y estaba en un estado de ánimo juguetón mientras se preparaba para bajar a ver a sus padres.

Murió en 1861 al caer al duro suelo de piedra mientras se deslizaba inocentemente por una barandilla de la escalera principal del castillo.

Se dice que Harriet sigue rondando la escalera responsable de su prematura muerte. Las manifestaciones incluyen apariciones visibles cerca de la escalera y en su antigua habitación (con un vestido blanco, lazos azules y rizos rubios en cascada), turistas que bombardean fotos y cazadores de fantasmas, ráfagas de aire helado, cantos alegres y sobrenaturales que resuenan en el castillo en mitad de la noche, risas ondulantes y, por desgracia, gritos aterrorizados que se cree que coinciden con su recuerdo del accidente.

A veces se la ha visto con un niño de su edad. Nadie sabe quién es este compañero de juegos ni de dónde puede haber salido. Sin embargo, son fantasmas de buen corazón. En una ocasión, un niño de 5 años desapareció en el castillo durante su restauración en los años setenta. Se inició una búsqueda frenética, ya que los padres y los trabajadores temían que se hubiera caído al vacío desde una de las repentinas caídas del exterior o desde las empinadas escaleras del interior. Finalmente fue encontrado ileso en la base de la escalera principal; explicó a su madre que "el niño y la niña" le habían cuidado mientras bajaba las escaleras.

. . .

El actual propietario (que también fue responsable de su restauración) tuvo una experiencia fascinante, aunque no inquietante, una noche. Se despertó en mitad de la noche de un sueño profundo esperando estar solo en su habitación a oscuras. En la penumbra, vio una multitud reunida, pero extrañamente no se sintió asustado ni amenazado en lo más mínimo.

La mayoría del grupo iba vestido como monjes o druidas, pero el propietario reconoció a dos de los individuos como fantasmas que frecuentaban el castillo, identificándolos por los cuadros que colgaban en sus pasillos. Uno era una joven de pelo rubio, sin duda la juguetona Harriet, y el otro era una mujer alta que vestía una túnica negra con capucha que ocultaba sus rasgos faciales. Este variopinto grupo rodeó su cama y los monjes parecieron otorgarle una bendición antes de desaparecer.

La mayoría de los castillos tienen algún tipo de mazmorra y el castillo de Charleville no es una excepción. Ha sido testigo de muchas muertes a lo largo de los siglos y en sus muros quedan pruebas de torturas.

Un cámara fue arrastrado por manos invisibles hasta la mitad de un pasillo de la mazmorra. Otros han sido golpeados o arañados por manos invisibles, y no es raro que las investigaciones paranormales que se llevan a cabo en la mazmorra se interrumpan a causa de fenómenos tan violentos. A pesar del atractivo de recorrer una cámara de tortura, no es un lugar popular entre los visitantes.

Se rumorea que el propietario original del castillo, Charles William Bury, y su arquitecto, Francis Johnson, participaban activamente en actividades ocultas. Algunos dicen que construyeron el castillo sobre líneas ley para aprovechar la energía paranormal para sus propios fines y que estructuraron el castillo de acuerdo con el simbolismo masón para maximizar su poder. Aunque muchos descartan de plano estos rumores, resulta un poco más difícil rechazarlos después de que se encontrara un altar oculto, con calaveras de piedra grabadas, oculto tras una pared durante las obras de renovación. Esto explicaría parte de la actividad demoníaca más violenta que parece centrarse en la zona de las mazmorras.

Como muchos salones de baile de castillos encantados, el de Charleville no es una excepción. Misteriosos orbes luminosos aparecen en fotografías y vídeos rebotando y bailando por el techo. Otros han sido testigos de nieblas con forma humana que parecen bailar y arremolinarse por el suelo al ritmo de una música que sólo ellos pueden oír, como si la fiesta nunca acabara en este salón de baile para algunos de los invitados.

El propietario original del castillo era un masón practicante que celebraba muchos rituales secretos con masones en la biblioteca. En aquella época, las mujeres no podían presenciar estos rituales y tenían prohibida la entrada a la biblioteca.

Al parecer, los masones del castillo siguen teniendo muy en cuenta ese punto del orden, ya que las mujeres que visitan la biblioteca han informado de fuertes pisadas a sus espaldas, como si un hombre corpulento se acercara de forma agresiva. Otras mujeres han recibido empujones o tirones en dirección a las puertas. A algunas incluso les ha tirado del pelo un espíritu infeliz. Pero eso no es todo lo que acecha en la biblioteca del castillo, ya que algo amenazador acecha justo al otro lado de las ventanas: un elemental hostil.

No es de extrañar que un poderoso elemental se manifestara cerca de un lugar druida de importancia. El actual propietario del castillo pide a los visitantes que no se acerquen al balcón de la biblioteca desde que su presencia fue descubierta por una médium que lo describió como un poderoso conjunto de espíritus actuando como uno solo. Aconsejó a los presentes en ese momento que abandonaran la biblioteca, explicando que este elemental no era exactamente maligno, pero distaba mucho de ser inofensivo. Las puertas del balcón permanecen cerradas y se ha aconsejado a la gente que nunca permanezca sola en la sala.

. . .

Una de las manifestaciones más espeluznantes de presencia paranormal en el castillo de Charleville es una niebla blanca sensible que rodea las ruinas del castillo. Por la noche, una figura humanoide de escalofriantes ojos malignos ha sido vista en múltiples ocasiones acechando por los pasillos del castillo.

Muchos creen que los espíritus que rondan el exterior del castillo fueron víctimas de la peste durante la Edad Media, que fueron enterradas vivas en un intento brutal y despiadado de evitar la propagación de esta enfermedad mortal. Otros creen que están ligados a los druidas que aún celebran sus rituales.

Además de la actividad fantasmal ya descrita, también se oye el eco de las campanadas del reloj, aunque no hay ningún reloj que dé las campanadas. Se han visto mecerse sillas sin que nadie se sentara en ellas y, durante la noche, es muy frecuente el sonido de voces y pasos y los muebles se reorganizan solos. Algunos huéspedes han visto aparecer ominosamente una sombra negra en lo alto de una de las escaleras, acompañada de un fuerte descenso de la temperatura. Su presencia puede sentirse tanto como verse, pero siempre desaparece rápidamente.

La Cámara de la Reina es una habitación conocida por un fantasma agresivamente amistoso. Este magnífico dormitorio circular incluye una cama de caoba meticulosamente tallada. Los huéspedes que han pasado la noche en este dormitorio han informado de la visión de una hermosa mujer flotando sobre la cama. A veces se sienta en la cama, dejando una impresión visible con un cuerpo invisible, e incluso se arrastra bajo las sábanas con algunos de los huéspedes. Su intención no es mala, aunque sus intentos de amistad sean equivocados.

La Cámara del Rey es el hogar de un fantasma masculino que una vez proporcionó a un cazador de fantasmas un Fenómeno de Voz Electrónica (EVP) de un grito escalofriante. Manifiesta su presencia con una brisa helada y una fuerte sensación de terror. Este caballero tiende a incomodar bastante a la gente.

Una visita al castillo de Charleville, en Irlanda, sería sin duda muy emocionante, sobre todo por la cantidad de fantasmas que podrían aparecer, desde la pequeña Harriet hasta el temible elemental que acecha junto a la ventana de la biblioteca. Recuerde que algunos de estos espíritus son bastante físicos a pesar de carecer de cuerpo.

13

Castillo de Bardi, Emilia-Romaña, Italia

El castillo de Bardi, construido en el siglo VIII, es un majestuoso castillo situado en el pintoresco norte de Italia, en el alto valle del Ceno. Este antiguo castillo medieval se asienta sobre un espolón de precioso jaspe rojo, signo de resistencia y poder.

También conocido como Castillo de Landi cuando la familia Landi se hizo con su control en el siglo XIII, es también el escenario de una desgarradora historia de amor, pérdida y fantasmas.

El fantasma más famoso del castillo de Landi se centra en un romance de siglos de antigüedad. Soleste era la hija del señor del castillo y su amor, Moroello, era el capitán de los caballeros. Soleste partía a menudo a la guerra y se sentaba en lo alto de los muros del castillo para esperar su regreso.

. . .

Su padre no conocía el romance y arregló su matrimonio con otra persona. Sin embargo, esto no detuvo a Soleste y a Moroello.

Mientras Soleste esperaba pacientemente su regreso de una batalla, divisó a unos caballeros que cabalgaban hacia el castillo portando los colores enemigos. Convencida de que Moroello debía de estar muerto, se le rompió el corazón; abatida, se arrojó desde el muro donde había estado velando a su amor. Sin embargo, Moroello estaba vivo y sano. Él y sus victoriosos hombres blandían triunfantes los colores de sus enemigos. Cuando se acercaban al castillo, encontró el cuerpo roto y sin vida de su amada Soleste. Incapaz de afrontar la vida sin ella, él también se arrojó desde uno de los muros.

Algunos dicen que creía que si se suicidaba se reunirían en la muerte; lamentablemente no parece haber sido así, porque su espíritu ha sido visto en numerosas ocasiones buscando a Soleste. Un parapsicólogo llegó a captar una imagen del fantasma de Moroello en el interior del castillo.

Sus apariciones han sido numerosas a lo largo de cientos de años y, en ocasiones, acompañadas de la música más triste y lúgubre que uno pueda imaginar. Su corazón parece roto por toda la eternidad.

En su castillo siempre han habitado fantasmas amables y hospitalarios cuya identidad se desconoce. Uno de los fantasmas conocidos es Pietro Zanardi Landi, asesinado por su implicación en una disputa. Cuenta la leyenda que su espíritu permaneció en el castillo hasta la década de 1890, cuando la propiedad pasó a manos de sus descendientes.

Sin embargo, su fantasma reapareció en 1970, la misma noche en que uno de sus descendientes pasó una noche en el castillo. Este caballero fue atormentado por una actividad durante toda la noche, cuyos detalles siguen siendo desconocidos. Al día siguiente se puso a investigar sobre el castillo para intentar encontrar una explicación a los disturbios de la noche anterior y se enteró del asesinato de Pietro Zanardi Landi. Era como si Pietro quisiera que su descendiente supiera lo que le había ocurrido.

Otra leyenda fantasmal asociada al castillo de Landi se refiere a un cocinero llamado Giuseppe. Giuseppe tenía una aventura con la mujer del mayordomo; éste se enfureció al enterarse de la aventura y atacó a Giuseppe con un cuchillo en medio de un ataque de celos, matándolo.

. . .

Muchos empleados, huéspedes, turistas y familiares han visto los efectos de las actividades fantasmales de Giuseppe, como mover muebles por las habitaciones, encender y apagar luces y dar portazos.

Su mejor actuación se produce cuando hay varios visitantes presentes, como si se alimentara de su energía colectiva.

Numerosos fantasmas, algunos conocidos y otros no, han rondado este asombroso castillo italiano durante muchos años. Afortunadamente, los espectrales residentes del Castillo de Landi son, en su mayoría, amables y aceptan a quienes visitan su hogar. Pero no se sorprenda si ve luces que se encienden y apagan y muebles que se mueven por manos invisibles.

14

Hotel Ballygally Castle

El castillo de Ballygally, en el condado de Antrim, es uno de los lugares más encantados de Irlanda del Norte.

Hoy es un hotel de tres estrellas y, aunque no se ofrecen visitas guiadas formales a fantasmas, la tristemente célebre "Habitación Fantasma" está siempre abierta a los huéspedes que se atreven a visitarla.

En un día soleado, el castillo de Ballygally es una postal viviente: un encantador castillo baronial escocés de color casi verde azulado con vistas al mar en Irlanda del Norte.

En un atardecer oscuro y tormentoso, Ballygally parece sacado de una película de terror de los años cincuenta.

. . .

Hay una oscura carretera costera que lleva hasta el castillo en la colina. Puedes imaginarte los relámpagos haciendo que el granito escocés de Ballygally destelle en un gris pálido antes de volver a ser casi negro en la noche.

En un torreón esquinero del castillo, una pequeña ventana da al Canal del Norte del Mar de Irlanda desde una habitación pequeña y con corrientes de aire que el personal de Ballygally ha bautizado como la "Habitación Fantasma". Ya nadie pasa la noche en la habitación fantasma, al menos nadie vivo.

En la actualidad, el castillo de Ballygally está unido a un popular hotel de tres estrellas. Desde el exterior, los visitantes pueden ver claramente dónde termina el castillo y dónde se añadió el hotel en la década de 1950. Situado a unos 32 km al norte de Belfast, Ballygally fue construido originalmente por James Shaw, natural de Greenock, Escocia, que llegó a Irlanda del Norte en 1613. Shaw construyó el castillo en 1625 al estilo de los castillos franceses, con muros de metro y medio de grosor, tejado empinado y torrecillas en las esquinas. Por el vestíbulo exterior corría un arroyo que proporcionaba agua potable, lo que permitía a los ocupantes del castillo resistir mucho tiempo en caso de asedio.

. . .

Poco después de finalizar la construcción del castillo, James Shaw tomó una esposa llamada Lady Isobel Shaw.

La leyenda actual dice que durante los primeros años de su matrimonio, Lady Shaw tuvo una hija. James Shaw se enfadó porque su esposa no producía un heredero varón, y la encerró en la pequeña torrecilla del castillo frente al mar. No está claro si Lady Shaw saltó a la muerte desde la pequeña ventana mientras intentaba desesperadamente llegar hasta su hija, o si James Shaw hizo que unos secuaces la arrojaran por la empinada escalera, matándola.

La primera vez que oí esta leyenda, no me gustó nada. Si James Shaw estaba tan disgustado por no tener un heredero varón, ¿no habría intentado la pareja tener otro hijo? Después de indagar un poco, oí otra versión de la leyenda que parecía tener más sentido. Al parecer, Lady Shaw podría haber tenido una aventura con un marinero.

También se podría especular con la posibilidad de que su hija fuera la hija ilegítima de este misterioso hombre. Cuando James Shaw se enteró, montó en cólera y encerró a su esposa en la torreta. Su furia fue en aumento hasta que, o bien arrojó a Lady Shaw por la ventana, o bien unos matones la arrojaron a la muerte.

A lo largo de los siglos, Lady Shaw ha aparecido muchas veces en la parte antigua del castillo y, sobre todo, en la Sala

Fantasma. Pero Lady Shaw no es el único fantasma que ronda Ballygally.

Olga Henry es la actual gerente del hotel Ballygally Castle. Henry trabaja en Ballygally desde enero de 2003 y, aunque es originaria de Irlanda del Norte, no se enteró de las historias de fantasmas hasta que llegó al castillo para trabajar. Rápidamente se informó sobre los fantasmas de Ballygally. Soy muy escéptica sobre todo lo sobrenatural y los fantasmas. Pero cuanto más tiempo paso aquí y más trabajo, más creo que sin duda hay algo en este hotel".

En la parte antigua del hotel -la sección del castillo- hay cuatro habitaciones de alquiler situadas debajo de la Sala Fantasma. Algunas personas solicitan específicamente las habitaciones de la sección del castillo, y algunas se llevan más de lo que esperaban. Henry me habló de uno de sus huéspedes que se alojaba en la parte antigua del castillo mientras estaba en la ciudad por negocios. Me explicó: "Se alojaba en una de las habitaciones de la torre y tenía niños pequeños en casa. En mitad de la noche, pensó que estaba en su propia casa, tumbado boca abajo en la cama, y que uno de sus hijos le había puesto la mano en la espalda. Y entonces se despertó y se dio cuenta de dónde estaba, y dijo que podía oír a un niño corriendo por la habitación y riendo.

. . .

Apareció en nuestra recepción en calzoncillos y nos dijo: '¡Sáquenme de esa parte vieja del castillo!

La sección del castillo también alberga dos comedores privados, uno llamado Dungeon Room y el otro 1625 Room. El Salón de las Mazmorras tiene un suelo de piedra del viejo mundo, una gran chimenea y paredes de fundición. Fue en el Salón de las Mazmorras donde Henry tuvo una experiencia bastante peculiar en diciembre de 2003.

Henry explicó que un grupo de directores iba a alojarse en el hotel e iban a cenar la noche de su llegada en el Dungeon Room. Dijo: "Habíamos preparado la sala el día anterior.

Me aseguré de que las copas estuvieran relucientes, que los candelabros estuvieran bien y que todo tuviera el aspecto adecuado. Después de prepararlo, cerramos la sala. Al día siguiente, estos tipos iban a registrarse por la mañana, y pensé en ir a abrir la Mazmorra por si querían echar un vistazo a dónde cenarían. Bajé y abrí el calabozo, y la mesa estaba hecha un desastre.

"No había nada más en la habitación, pero todos los vasos de la mesa estaban colocados en círculo. Las servilletas de lino estaban desplegadas y esparcidas por la mesa. Teníamos un espejo redondo en el centro de la mesa con los candelabros encima, y todo estaba cubierto -incluidas las copas- de espuma o polvo.

No era el polvo que se limpia, era como una espuma. Pero en ninguna otra parte de la habitación, ni en el suelo ni en ninguna otra superficie, sólo sobre la mesa. Se me erizaron los pelos de la nuca, porque pensé que tenía la llave de esta habitación, ¿habrá otra llave en alguna parte? Y aun así, simplemente no podía explicar cómo sucedió. Nada tenía sentido. Fue muy desconcertante".

Aunque la sección más antigua del castillo es la más activa, se han visto fantasmas en todo el hotel. Henry me habló de médiums que han venido a Ballygally y me dijo que algunas noches hay más fantasmas que huéspedes. Algunos informes comunes incluyen los sonidos de niños riendo y corriendo jugando, el susurro de un vestido de seda cuando no hay nadie alrededor para hacer tal sonido, duchas que se encienden solas e inundan las habitaciones de abajo, y hay muchos informes de golpes fantasmales en las puertas de las habitaciones de los huéspedes en todo el hotel. Tanto si se trata de una broma fantasmal como si es muy terrenal, los huéspedes informan de que al abrir sus puertas no encuentran a nadie en el pasillo exterior.

. . .

El fantasma de Lady Isobel Shaw sí parece estar más confinado en la sección del castillo, especialmente en la Sala Fantasma.

La semana anterior a Halloween de 1998, Kim Lenaghan, reportera del programa de radio de la BBC Good Morning Ulster, estaba grabando una serie de divertidos segmentos de Halloween para el programa de radio matinal y decidió pasar la noche en la Sala Fantasma del castillo de Ballygally como uno de sus segmentos. Hablé con Lenaghan desde su oficina de la BBC en Belfast sobre aquella noche en Ballygally, cuando se encontró con una historia de fantasmas mucho más grande de lo que había planeado. Pensamos que sería divertido. Pensamos: Hagamos la típica historia de 'pasar una noche en una casa espeluznante'".

Lenaghan condujo hasta Ballygally una oscura, tormentosa y fría tarde de octubre. Había quedado allí con una médium que sólo se llamaba Sally. Sally no quería publicidad de la noticia; simplemente estaba allí para intentar establecer contacto. Al igual que otros médiums, Sally señaló a la dirección del hotel que había varios espíritus rondando el hotel. Lenaghan y Sally se dirigieron a la fría y ventilada Sala Fantasma, y Sally comenzó a realizar un ritual de meditación para intentar establecer contacto con uno de los espíritus del castillo de Ballygally. La habitación fantasma es un espacio minúsculo con una cama de hierro forjado, un tocador básico con un pequeño espejo, una silla, algunos cuadros antiguos en la pared y una pequeña ventana que sobresale y ofrece vistas al mar.

Lenaghan dijo que Sally parecía estar haciendo contacto, y fue entonces cuando el ambiente comenzó a cambiar. Dijo: "No estaba en trance, pero sin duda estaba muy concentrada en lo que hacía.

Y yo allí de pie con una grabadora esperando lo mejor. Lo siguiente que ocurrió es que empezó a hacer mucho más calor. Quiero decir significativamente más caliente - la temperatura en la habitación debe haber subido 10 grados.

Entonces ella [Sally] empezó a hablar con alguien, literalmente coincidiendo con la subida de la temperatura, y llegó un olor. No llegó de golpe, el olor llegó casi al instante. Olía a vainilla, pero no era exactamente vainilla. Aunque era un olor parecido a la vainilla, era un olor viejo y ligeramente rancio. Vainilla rancia, sé que suena ridículo. Pero eso es lo que era".

En ese momento, a Lenaghan se le erizaron los pelos de la nuca.

La médium mantenía una conversación con alguien de la sala que estaba evidentemente angustiado. Lenaghan comparó la experiencia con escuchar una parte de una conversación telefónica. Sally intentaba calmar a lo que más tarde denominó un espíritu femenino muy alterado.

La médium explicaría más tarde que el espíritu era el de una mujer joven que estaba asustada y buscaba a su hija pequeña. La médium dijo a Lenaghan que "la tenían allí contra su voluntad, y dijo que había una mujer mayor que no la dejaba salir de la habitación".

Durante la conversación, esta mujer corría continuamente a la ventana buscando a un hombre llamado Robert que estaba en alta mar. El espíritu no entendía por qué Robert no volvía a buscarla.

La experiencia duró 7 u 8 minutos antes de que el rostro de Sally se quedara en blanco y anunciara: "La he perdido".

Lenaghan dijo: "Y lo supe al instante porque, mientras ella decía eso, el olor desapareció. Un olor normal no puede ir y venir así, literalmente desapareció, no había rastro de él.

Además, mientras se iba, la temperatura de la habitación empezó a bajar drásticamente".

De vuelta abajo, la médium le dijo a Lenaghan, que iba a pasar el resto de la noche solo en la habitación fantasma, que no se preocupara, que el espíritu no era maligno, sólo estaba asustado. Sally dijo que no estaba segura de si el fantasma volvería esa noche o no. Lenaghan tenía sus dudas sobre pasar la noche en la Habitación Fantasma.

Pasada la medianoche, el médium se marchó y Lenaghan subió con una petaca de café, su grabadora, una revista para leer y, según admite también, un poco de brandy con "fines medicinales".

Se acomodó en la fría e incómoda habitación y aceptó el hecho de que no iba a cerrar la puerta de la habitación, apagar la luz ni dormir nada esa noche. Pero hacia las 2:30 de la madrugada empezó a calmarse un poco. Hacia las 3 de la madrugada, la habitación empezó a estar notablemente más caliente. Lenaghan dijo: "Pensé: Es el café y el brandy. Y entonces se calentó aún más y pensé: No, esto no está bien. Y al instante volvió el mismo olor. Y era incluso más fuerte que antes. El olor era muy intenso hacia mi cabeza. Sí, era un olor, pero lo más extraño de todo era que era un olor que casi te cubría, como una sábana, era omnipresente. Era casi como si pudieras sentir el olor en tu ropa, en tu pelo y en la cama.

"Me quedé sentado allí durante un minuto, paralizado por el miedo. Y pensé: Bien, soy periodista, tengo que grabar un artículo, para eso estoy aquí. Así que cogí mi grabadora y, por lo visto, esto fue divertido cuando lo reprodujeron al día siguiente, pero no para mí en aquel momento. Así que estoy diciendo, 'Son las 3:00 de la mañana. Se ha calentado, y el olor se vuelve', y estoy repasando esto y lo siguiente que dije fue: '¡Y no me gusta, y me voy a casa!'"

Lenaghan afirma que aquella noche batió varios récords olímpicos de velocidad mientras bajaba a toda velocidad los empinados escalones de piedra y regresaba al vestíbulo. Dijo que el mismo olor a vainilla mohosa la siguió todo el camino escaleras abajo, pero se detuvo tan pronto como cruzó a la parte nueva del hotel.

El director de noche le dio a Lenaghan una copa del bar y se llevó a la agitada reportera de la BBC a una habitación lo más alejada posible de la parte del castillo, donde pasó el resto de la noche a regañadientes.

A la mañana siguiente, durante el desayuno, el director dijo que los infames golpes en la puerta continuaron esa misma noche, ya que algunos de los huéspedes de la parte antigua del castillo se quejaron de extraños raptos. Uno de los huéspedes llegó a decir que una mujer había entrado en su habitación en mitad de la noche y que, cuando se levantó para mirar más de cerca, la mujer ya no estaba.

Después de desayunar, el director le dijo a Lenaghan que volviera arriba, a la habitación fantasma, y que al menos echara un vistazo a la habitación a la luz del día.

. . .

Lenaghan dijo: "La siguiente parte puede o no haber sido una broma pesada, y nunca lo sabré y no quiero saberlo nunca. Después de desayunar, subí a la habitación con cuidado, no había olor y hacía mucho frío, como cuando entré la noche anterior. Ya nos íbamos y el gerente dijo: "Dios mío. Mira el espejo'. Así que miré al espejo y allí estaba mi nombre escrito en el polvo del espejo: 'Kim'. Y ella dijo: 'Yo no fui'. La obligué a interrogar al personal y todos juraron que no habían sido ellos. Nunca lo sabré con certeza, pero me asustó muchísimo".

El hotel Ballygally Castle ofrece una combinación del encanto del viejo mundo y algunos espíritus irlandeses. Si llama a su puerta en mitad de la noche, sea amable con Lady Shaw: la pobre ha sufrido mucho.

15

La posada del castillo de 1891

El 1891 Castle Inn dispone de nueve suites para sus huéspedes. Aunque no se ofrecen visitas guiadas formales, no dudes en pasar a visitarlo cuando estés en N'awlins.

En el Garden District de Nueva Orleans, en una tranquila calle lateral de la avenida St. Charles, se encuentra el Castle Inn de 1891, una mansión de la Edad Dorada que parece sacada de la historia. Unos cien años, para ser exactos. Pasear por sus pasillos muestra a los visitantes cómo vivían los ricos en el siglo XIX, una época en la que se veía a los niños y no se les oía, en la que los criados se ocupaban de todas tus necesidades y caprichos, y en la que paseabas por la avenida St. Charles y sólo tenías caballos, carruajes y otros paseantes a los que atender. La mansión es tan acogedora que algunas personas que vivieron y trabajaron en la casa y en los alrededores de la propiedad nunca la abandonaron... ni siquiera después de morir.

. . .

En el interior del Castle Inn de 1891, los techos de 4,5 metros, los suelos de madera y la decoración general le transportarán a otra época. La mansión, de 9.500 pies cuadrados, cuenta con 38 habitaciones (incluidos vestíbulos y baños), un piano centenario para que toquen los huéspedes y muebles restaurados, pero también alberga dos reliquias más de una época pasada: dos espíritus vistos y experimentados con frecuencia en la casa por los miembros del personal y muchos de los huéspedes de la posada.

Las habitaciones tienen nombres como The Jazz Emporium, Napoleon, Miss Blanche's Streetcar, The Gothic Sanctuary, The Crawfish Den y The Bordello Room. Los huéspedes fantasmales del Castle Inn se encuentran por toda la casa; sin embargo, según el copropietario Andrew Craig, la tercera planta es la que parece tener más actividad.

El Castle Inn se levanta en un terreno que fue una plantación en el siglo XIX. Antes de que se construyera la mansión actual, a principios o mediados del siglo XIX se construyó una casa larga de dos plantas con estructura de madera. La casa era estrecha por delante porque, en aquella época, se cobraban impuestos por la fachada que daba a la calle.

. . .

La casa se adentraba en la parcela, con dependencias para el servicio en la parte trasera del edificio. Alrededor de 1891, un prominente hombre de la zona, Alva Schnitt, responsable del distrito escolar de Nueva Orleans y líder de un grupo llamado "La Liga del Hombre Blanco" -un grupo con unos ideales y un programa muy similares a los del Ku Klux Klan durante la Reconstrucción-compró la casa de madera y la derribó. Como regalo a su nueva esposa, construyó una mansión de tres plantas. Este líder comunitario también murió en la casa a causa de su débil salud.

En la década de 1920, cuando la Gran Depresión se adentraba en América, estas mansiones de Nueva Orleans se estaban convirtiendo en una carga financiera demasiado pesada para sus propietarios. Como muchas otras, la mansión que se convertiría en el Castle Inn se transformó en una pensión de transeúntes.

El local cambió de propietario varias veces, hasta que en la década de 1950 la familia Allison se hizo cargo de él.

Permanecería en la familia Allison hasta 1998, cuando George Allison lo vendió a Andrew Craig y Karen Bacharach.

. . .

Los nuevos propietarios rebautizaron la mansión con el nombre de 1891 Castle Inn e iniciaron extensas obras cosméticas en la propiedad.

Craig recuerda el estado de la mansión cuando se hicieron con su propiedad.

Dijo: "Era asqueroso. Hacía años que no entraba en algunas habitaciones. Algunas eran preciosas, otras asquerosas. Arreglarlo ha sido una labor de amor".

Craig dijo que Allison no mencionó nada sobre fantasmas, y los nuevos propietarios no notaron ninguna actividad hasta que empezaron a trabajar en el lugar. Una vez iniciadas las obras, se hizo evidente la presencia de al menos dos espíritus humanos, y posiblemente incluso el fantasma de un perro.

El primer espíritu que se vio y escuchó fue el de una joven que, según cuenta la leyenda, se ahogó en un estanque cercano que había en la plantación antes de la urbanización de Nueva Orleans. Craig dijo: "Cayó en el estanque con la clásica especie de enagua, se hinchó de agua y cayó como una roca y se ahogó. Llevaba un bonito vestido blanco, tenía entre 6 y 10 años, era una niña rubia y, por desgracia, no sólo merodea por nuestra casa, sino por el barrio. Varias personas nos han dicho que busca a su madre".

. . .

El segundo espíritu que supuestamente deambula por la casa es el de un elegante hombre negro de piel clara, que era un sirviente a sueldo.

Se sabe que hablaba varios idiomas, que le gustaban mucho las mujeres y que era un poco borracho. Murió en la cama: o bien fumaba en la cama, o bien volcó un caldero y provocó un incendio.

Sea cual sea la causa, se supone que estaba demasiado borracho para escapar y se asfixió con el humo. Algunos videntes que han visitado la casa creen que este hombre frecuenta la posada porque cree que debería estar en la mansión y no en las dependencias de los criados. Una médium llegó a decir que el hombre le había dado un beso fantasmal en la mejilla.

Una vidente que visitó la posada le dijo a Craig que hay un perro fantasmal en el sótano. Según Craig, "Me dijo: 'Tienes un pequeño Yorkshire Terrier fantasma en el sótano'. Yo dije: '¡¿Qué?! Eso explica por qué oímos un ligero ladrido por el conducto de ventilación y los conductos de calefacción del edificio. También uno de nuestros trabajadores afirmó un día que bajó las escaleras y oyó a un perro o a algún animal crujiendo por ahí abajo."

. . .

Craig me habló de algunos de los sucesos más comunes en la posada del castillo de 1891. Las llaves de las habitaciones se reportan perdidas todo el tiempo.

Craig dijo: "Perdemos más llaves... ¡perdemos más cosas en esta casa de las que te imaginas!". Craig dijo que algunos huéspedes se registran, van a sus habitaciones y vuelven unos minutos después diciendo que no saben cómo, pero que ya han perdido la llave de su habitación.

Las carteras de los huéspedes acaban en lugares extraños, como el microondas, los vasos cambian misteriosamente de sitio dentro de la habitación cuando un huésped va al baño, y una huésped tenía un juego con uno de los fantasmas. La huésped le dijo a Craig que cada vez que ponía su cepillo de pelo en el lado derecho de la mesa, en cuanto salía de la habitación y volvía, lo ponía en el lado izquierdo. Esto ocurrió docenas de veces en pocos días.

Craig describió un encuentro con el fantasma de la niña que experimentaron dos de sus huéspedes. Dijo: "Dos mujeres la vieron simultáneamente flotando en medio de la habitación e intentando tirar de la cadena del ventilador del techo. Una mujer se volvió a la otra y le dijo: ¿Estás viendo lo mismo que yo? Y la otra mujer respondió: "Sí, estoy viendo la parte superior de una niña que intenta alcanzar la cadena, pero parece que no consigue agarrarla. Y la mitad inferior está cortada y hay una especie de vapores neblinosos que descienden por donde deberían estar sus pies". Y ambos observaron a esta niña durante casi un minuto flotando en medio de la habitación, y luego desapareció. Y bajaron corriendo las escaleras diciendo: "¡Acabamos de ver un fantasma!"

El propio Craig tuvo una gran experiencia con el fantasma de la habitación 10, el Santuario Gótico, en la última planta. Los huéspedes suelen tirar demasiado de la cadena del ventilador de techo. Tiran tan fuerte que se atasca o la cadena se rompe. Así que tengo que cambiarlo.

Cojo la escalera y subo con mi pequeña caja de aparejos de pesca, con mis piezas de repuesto y mis herramientas. Me subo a la escalera y quito la parte inferior del ventilador para poder acceder a las tripas, donde está el interruptor, y me enfado conmigo mismo porque no llevaba la pieza correcta. Sólo por costumbre, porque tenemos unas facturas de electricidad horrendas, apago el interruptor de la luz, cierro la caja de herramientas de una patada y apoyo la escalera contra la pared. La puerta se cierra sola. Bajé las escaleras, saludé a la única chica de recepción que trabaja allí, bajé al sótano, encontré la pieza que necesitaba, volví a subir no más de 7 u 8 minutos después y desbloqueé la puerta, la abrí y todos los aparatos eléctricos que se pueden encender en esta suite de tres habitaciones estaban encendidos. La televisión, la radio, el aire acondicionado, las dos lámparas de la cama que se encienden independientemente, las luces del techo, el microondas, la cafetera, el extractor, la calefacción, el ventilador de la otra habitación y todas las luces. Así que tuve que dar una vuelta y apagarlas todas. Dije: "Vale, fantasma. Me has pillado".

Los fantasmas de la posada del Castillo son algo más que simples bromistas.

A veces los sucesos son un poco más sorprendentes. Los testigos han informado de que sus camas temblaban, de que eran tocadas por manos invisibles, de huellas de pequeños pies invisibles que caminaban y saltaban sobre la cama y del olor a humo de tabaco.

Nicholas Franklin, antiguo gerente de la posada, me contó la única experiencia personal inexplicable que tuvo allí: "Me alojaba en la habitación 10 y, sobre las once y media de la noche, unos amigos y yo estábamos viendo la tele y la ducha se abrió sola. Y no sólo un poco, sino que salía con toda su fuerza. Cuando entramos a comprobarlo, el grifo estaba cerrado. Esa fue la única experiencia que he tenido personalmente".

Franklin me contó que mucha gente acude al Castle Inn en busca de un encuentro fantasmal, y algunos consiguen más de lo que esperaban. "Una señora me llamó a las dos de la mañana llorando, preguntándome si podía acompañarla. Se alojaba en la habitación 11 [The Crawfish Den] y me dijo que había un hombre fumando en su cama. Lloraba histéricamente y me dijo: 'Sólo quiero que me acompañes'".

Nueva Orleans ha sido durante mucho tiempo un foco de actividad sobrenatural, y un vistazo al libro de visitas del Castle Inn demuestra que este bed and breakfast no es una excepción.

John y Aly Brothers se alojaron en la habitación 9, Jean Lafitte's Tradewinds Hideaway, y durante su estancia, el 27 de julio de 2001, vieron a los fantasmas del criado y de la niña. Un extracto de su entrada en el libro de visitas dice: Los fantasmas no nos dejaron dormir dos noches seguidas. El primer día se nos desenchufó el televisor. Nos íbamos y cuando volvíamos estaba desenchufada. Esto sucedió un total de tres veces.

La segunda noche fue asombrosa y aterradora al mismo tiempo. Vimos a una niña junto a la escalera. Mi esposa también vio al fantasma negro masculino una o dos veces esa noche. Así que finalmente conseguimos dormir alrededor de las 5 a.m. Oh sí, también oímos pasos subiendo y bajando nuestras escaleras-y nadie más se estaba quedando en nuestro lado de la mansión esa noche. Alrededor de las

5 de la mañana, lo último que oímos fue la risita de una niña.

El miércoles 25 de septiembre de 2002, Kelly Pursley, de Seattle, Washington, relató sus experiencias en la habitación 5, la habitación Napoleón: El huracán estaba empezando a entrar, y éramos los únicos en la casa esa noche. Sobre las 22:30, oí lo que parecían muebles moviéndose. A las 11:30 p.m., escuché el sonido distintivo de la caja de música de un niño pequeño tocando en el pasillo. Duró más de un minuto. En cuanto recosté la cabeza para dormir, volví a tener la sensación de una suave caricia en el pie y en la pierna.

En algún momento de la noche, me desperté aturdido al sentir que la cama se movía arriba y abajo, como si alguien saltara suavemente sobre ella. Una sensación muy extraña.

Al salir de casa a las 4 de la mañana para coger un taxi para un vuelo temprano, mi amigo se dio la vuelta para mirar al balcón de nuestra habitación y vio una figura oscura en la ventana que nos miraba marcharnos. ¿Quizá se entristeció al vernos marchar?

La Posada del Castillo de 1891 transporta a sus visitantes a otro tiempo y otra mentalidad. Para los fantasmas que deambulan por sus habitaciones y pasillos, la familiaridad puede ser la razón por la que vinieron en primer lugar, pero es la energía y la emoción de las nuevas caras que entran y salen lo que los mantiene allí. El apuesto criado, sin duda, sigue buscando otra encantadora dama a la que cortejar, mientras que la joven se pregunta si la próxima invitada será su madre.

16

Rose Hall Great House

La Rose Hall Great House es ahora un museo abierto los siete días de la semana de 9.00 a 18.00. También puede alquilarse para actos privados. En el antiguo calabozo se ha construido una tienda de regalos y un pub.

Los dos únicos momentos en los que debías preocuparte por Annie Palmer eran cuando te odiaba y cuando te amaba.

Tu única esperanza de sobrevivir en su compañía era que ella no te tuviera en cuenta en absoluto. Esto no era fácil de conseguir si eras esclavo o empleado en su plantación, junto a Montego Bay, en Jamaica, a principios del siglo XIX: ella sentía que todo el mundo a su alrededor estaba a su disposición.

. . .

Más conocida como la Bruja Blanca de Rose Hall, Annie Palmer era tan famosa por su belleza como por su crueldad sádica. Torturó, mutiló y asesinó a sus amantes y esclavos. Antes de morir, juró que sería la última dueña de Rose Hall y su última residente. Durante más de 150 años ha cumplido su palabra. Su cruel espíritu aún supervisa la impresionante mansión. Se sabe que los fantasmas de aquellos a los que mató vagan por la plantación y la gran casa.

La Plantación Rose Hall, construida en 1770 con un coste de 30.000 libras esterlinas, era y sigue siendo un paraíso en una isla caribeña. Annie Palmer no sólo disfrutaba de preciosas vistas al océano, palmeras ondulantes, exuberante césped verde, arena blanca y aguas cristalinas, sino que vivía en un lujo opulento, rodeada de finos muebles, sirvientes y esclavos que trabajaban en la plantación de caña de azúcar que la mantenía rica.

Nació como Annie Mae Patterson, de padre irlandés y madre inglesa, y la familia Patterson se trasladó a Haití cuando Annie era muy pequeña. En Haití, Annie aprendió vudú de su niñera haitiana.

Los padres de Annie murieron misteriosamente cuando ella tenía 10 años, por lo que fue criada por la niñera hasta que la mujer murió, cuando Annie tenía 18 años.

. . .

La ambición de Annie era hacerse rica y, a principios del siglo XIX, una mujer lo conseguía casándose con un rico.

Annie llegó a Jamaica y no tardó en encandilar al inglés John Palmer, propietario de una plantación.

La pareja se casó y Annie ocupó su puesto como ama de la plantación. Estaba hambrienta de riquezas y emociones y, aburrida de su marido, empezó a tener amantes ocasionales. Como dormía en una habitación separada de la de su marido, exigía que alguno de los esclavos que le gustaban fuera a su habitación por la noche. Cuando se cansaba de su amante, o si temía que se levantaran sospechas, hacía que otros asesinaran al pobre esclavo o lo hacía ella misma.

Tras seis años de matrimonio, Annie sabía que heredaría todas las posesiones de John Palmer si éste fallecía, y Annie no estaba dispuesta a esperar a que la naturaleza siguiera su curso. Annie mató a John Palmer con veneno, cerró su dormitorio y no permitió que nadie volviera a entrar en él mientras ella viviera.

Los esclavos sospechaban que se trataba de un juego sucio, pero guardaron silencio por miedo a la "Bruja Blanca", como Annie Palmer empezaba a ser conocida.

· · ·

Annie se casó y asesinó a dos maridos más, mientras se dedicaba a tener amantes esclavos, a adquirir las riquezas de sus maridos muertos y a ver cómo azotaban y golpeaban a los esclavos para su propia diversión. Cuando moría cada uno de sus maridos, cerraba completamente sus dormitorios; tres puertas debían permanecer cerradas y atrancadas mientras Annie Palmer fuera la señora de la plantación.

Después de las tres muertes, algunos de los esclavos empezaron a hablar de que la casa estaba encantada. Las puertas empezaron a aporrearse cuando no había viento que las cerrara, sobre todo cuando otros hombres acudían a la llamada y caían bajo los encantos de Annie.

Según Beverly Gordon, jamaicana de nacimiento y actual administradora de la Rose Hall Great House, Annie Palmer no sólo golpeaba a los esclavos a la luz del día, sino que los llevaba de vuelta a la mansión para torturarlos más. Gordon dijo: "Donde ahora están las habitaciones de damas y caballeros, eso es lo que ella usaba como calabozo, y esos dos pozos llegaban a 16 pies de profundidad. Allí encerraba a los esclavos que intentaban huir de la propiedad. Los llevaba allí, los arrojaba a la fosa y los dejaba morir sin comida ni agua y sin ningún tipo de atención médica. Era espantosa, horrible".

. . .

Según Gordon, las historias de la Bruja Blanca son conocidas en toda Jamaica por muchas generaciones.

Todo el mundo conoce la Rose Hall Great House y lo que ocurrió aquí. Niños, adultos, mayores, pequeños... todos lo saben".

Gordon informó de que Annie Palmer tenía tan poca consideración por sus amantes y esclavos que enviaba a un grupo de esclavos a enterrar los cuerpos de sus víctimas y luego enviaba a un segundo grupo a asesinar a los que enterraban los cuerpos. No quería dejar rastro.

En diciembre de 1831, un joven y apuesto caballero inglés llamado Robert Rutherford llegó a la plantación de Rose Hall para ocupar el puesto de contable. Annie se interesó por el caballero al instante, al igual que su ama de llaves, Millicent.

Aquí es donde la historia de Rose Hall se convierte en un culebrón asesino que se desarrollaría en sólo unas semanas. El abuelo de Millicent, Takoo, era un poderoso brujo vudú y también amante ocasional de Annie Palmer. Robert Rutherford, alejado de la estricta sociedad inglesa, gustaba tanto de Millicent como de su nueva empleada, Annie Palmer. Esto enfurece a Annie, que desea para sí las atenciones de Rutherford.

. . .

La Bruja Blanca de Rose Hall hechizó a Millicent, causándole la muerte en nueve días.

Takoo, enfurecido, irrumpió en la mansión y estranguló a Annie Palmer hasta matarla en su cama.

Annie fue enterrada en un ataúd de cemento que aún se conserva en el jardín este de la casa. Algunos de sus antiguos esclavos, de mentalidad religiosa, intentaron hechizar su tumba para mantener encerrado su espíritu, pero su magia no funcionó. A Annie no la detendría la muerte.

La casa estuvo vacía hasta 1905, cuando una familia la compró. Las leyendas fantasmales no iban a disuadirles. La criada de los nuevos propietarios estaba limpiando en el balcón cuando una fuerza invisible la arrojó al vacío. El folclore dice que Annie Palmer pasaba gran parte de su tiempo en el balcón, viendo cómo los capataces a los que ella mandaba azotaban a los esclavos. Incluso después de muerta, la Bruja Blanca no cesó en su afán asesino. La familia abandonó la gran mansión de Montego Bay, y volvió a quedar vacía hasta 1965.

En 1965, la Rose Hall Great House y todos sus terrenos fueron adquiridos por los empresarios estadounidenses John y Michele Rollins. La pareja gastó 2,5 millones de dólares en restaurar la casa y convertirla en museo, pub, tienda de regalos y salón de banquetes. Ahora hay baños y un bar donde antes estaban las mazmorras de Annie Palmer, pero las historias de fantasmas continúan.

En 1971, un grupo de psíquicos acudió a Rose Hall para intentar atrapar al espíritu de Annie Palmer. Gordon dijo: "Intentaron resucitar a Annie, y ella les estaba haciendo pasar un mal rato. Salió de la tumba, intentaban volver a meterla y no podían. Sobre su tumba, colocaron tres cruces en tres lados. Querían atrapar su espíritu de nuevo dentro de la tumba y no pudieron, así que no pusieron la cuarta cruz. Así que dejaron ese lado abierto".

No se consiguió atrapar al fantasma de Annie, que sigue haciendo acto de presencia en la Great House. Gordon dijo: "A veces los grifos del bar y de la cocina empiezan a funcionar. Nadie los abre y, por mucho que lo intentes, no consigues apagar la tubería. Se abre y se cierra solo".

Las puertas se cierran de golpe, y las ventanas se cierran y no se pueden abrir por mucho que el personal intente empujar. Gordon también dijo que los hombres parecen ser más propensos a experimentar estos fenómenos que las mujeres. Dijo, "Un miembro del personal ha visto a una mujer entrando en una habitación. Ha bajado a preguntar quién podría estar ahí". Se sobresaltó cuando le dijeron que no había nadie arriba. Cuando volvió a mirar, la mujer ya no estaba.

. . .

Gordon afirma que algunas empleadas han visto cosas, pero nada parecido a lo que experimentó el empleado.

Los visitantes dicen haber visto a una mujer por la casa, así como el espectro de un hombre de baja estatura. Algunos visitantes incluso han afirmado captar estas imágenes en sus fotografías.

En 2001, Jack Slater estaba en Jamaica para una promoción de reggae que organizaba para su empresa. El día de su viaje, el tiempo anunciaba tormentas durante todo el día, algo poco frecuente en Jamaica. Pensó que era el momento perfecto para visitar Rose Hall, no una noche oscura y tormentosa, pero sí un día oscuro y tormentoso. Durante la visita, Slater tomó varias fotos, intentando capturar un duppy (palabra jamaicana que significa "fantasma").

Slater dijo: "Llegamos a la habitación que nuestro guía dijo que era la habitación de Annie Palmer. Dijo: 'Aquí es donde cometió muchos de sus asesinatos'. Nos contó la historia de los asesinatos de sus maridos e incluso de algunos esclavos de la plantación. Cuando la visita se dirigió a la siguiente sala, dije: "Bien, aquí es. Esta es la sala en la que estarán todos los posibles duppies'".

. . .

Slater hizo algunas fotos de la habitación en general y luego se acercó a un espejo de la pared opuesta a la cama. Miré el espejo con mucho cuidado, porque sabía que si empezabas a hacer fotos a espejos, se desataba el infierno: si las hacías justo delante, te salía el flash y ni siquiera salía. Así que mi foto la tomé un poco inclinada".

Cuando se reveló la fotografía de Slater, el espejo tenía una escena fantasmal y brumosa dentro del marco. Hay una imagen muy clara de una mujer con un vestido blanco en la esquina inferior izquierda del espejo y una imagen casi selvática de vetas blancas, como de niebla. "Esperaba que tuviera un aspecto inusual", dice Slater. "Pero cuando la película volvió, había toda una escena de cosas pasando".

En una segunda foto que tomó de la cama de Annie Palmer, hay un brillo blanco en el marco de madera esmaltada de la cama, que Slater admite que era su camisa blanca reflejándose en la superficie brillante. Pero en la foto también se ve la silueta de la cara de un hombre mirando hacia la cama.

¿Podría ser una de las víctimas de Annie Palmer? Slater no está seguro de haber visto un fantasma aquel día, pero sí le parece interesante que se propusiera intentar desmentir que saliera algún duppy en sus fotos y, en lugar de eso, tuviera no una, sino dos fotos peculiares.

. . .

La Bruja Blanca de Rose Hall ha cumplido su voto de ser la última señora de la plantación. Desde su muerte, sólo otra familia intentó vivir allí, pero huyeron rápidamente tras la muerte de su criada.

Esta malvada desdichada, que tanto disfrutaba viendo sufrir a los demás, deambula ahora por los pasillos y corredores de la mansión que una vez gobernó con mano malvada. Annie Palmer es la pesadilla de los niños de Jamaica y, según muchos testigos, la pesadilla de la Bruja Blanca no ha terminado.

17

Ordsall Hall

ORDSALL HALL ES una casa de época y un museo de historia local. Se puede visitar de lunes a viernes, de 10.00 a 16.00, y los domingos, de 13.00 a 16.00. Los sábados está cerrado.

Aquí yace Señor ten piedad de ella;
    Una de las damas de honor de Elizabeth.
    Margaret Radclyffe justa e ingeniosa;
    Murió como una doncella, cuanto más, mejor.

La lápida de Margaret Radclyffe lleva inscrito el epitafio precedente. Radclyffe murió el 10 de noviembre de 1599 a la edad de 25 años. Era una de las damas de honor de la reina Isabel, una de las seis principales damas de la corte real. La joven doncella murió en el edificio en el que creció y vivió: Ordsall Hall.

. . .

Debido a sus conexiones reales, recibiría un funeral semiestatal y sería enterrada en la Abadía de Westminster de Londres, pero su espíritu siempre estará en Ordsall Hall.

Situada a las afueras de la ciudad de Manchester, al noroeste de Inglaterra, sabemos que en 1177 d.C. se construyó algún tipo de estructura donde ahora se encuentra Ordsall Hall, porque el nombre "Ordeshala" aparece pagando un impuesto feudal en los antiguos registros públicos de ese año. En 1335, sin embargo, la casa solariega pasó a la familia Radclyffe, donde el edificio se ampliaría, al igual que el número de miembros de la familia Radclyffe.

Los Radclyffes eran una familia prestigiosa en Inglaterra. Muchos fueron nombrados caballeros por su valor en batallas bélicas, como la Guerra Civil inglesa, y en batallas contra la Armada española y contra la revuelta escocesa en el norte.

La mayor parte de la actividad fantasmal de Ordsall Hall tiene su origen en Margaret Radclyffe, nacida en 1573 o 1574, aunque se sabe con certeza la fecha de su muerte, pero no la fecha exacta de su nacimiento.

Margarita tenía un hermano gemelo llamado Alejandro, al que estuvo muy unida toda su vida.

. . .

Ambos hermanos formaban parte de la corte de la reina Isabel y, sin duda, tenían más que su parte de influencia política.

Junto con el prestigio llegó también el sentido del deber. En 1599, Alexander se unió al conde de Essex y a las tropas de la reina Isabel en Irlanda, para luchar contra los rebeldes irlandeses que se sublevaban contra el nombramiento de Essex como lord teniente de Irlanda por parte de la reina.

La batalla sería la mayor ofensiva lanzada en el extranjero por la reina Isabel, y sería una guerra de la que Alexander Radclyffe no regresaría.

Cuando Margaret recibió la noticia de la muerte de su querido hermano, se quedó literalmente desconsolada.

La joven Margaret Radclyffe murió pocas semanas después que su hermano. La causa oficial de la muerte fue "cuerdas alrededor del corazón", lo que hoy conocemos como angina de pecho provocada por el estrés. La leyenda dice que Margaret Radclyffe siempre está esperando a que su hermano regrese de Irlanda, y que no se irá hasta que él lo haga.

. . .

Las leyendas de fantasmas de Ordsall Hall parecen apuntar a la posibilidad de varios fantasmas: se supone que al menos uno de ellos es el de Margaret Radclyffe, y el otro, una "dama blanca" que vaga por los alrededores de la mansión. También puede tratarse de Margaret, pero el folclore tiene un segundo y un tercer sospechoso.

La novela de Harrison Ainsworth de 1840, La traición de la pólvora: Un romance histórico, convirtió Ordsall Hall en el escenario del famoso complot de la pólvora, en el que Guy Fawkes y Robert Catesby planeaban derrocar al rey Jaime. En el relato de Ainsworth, Fawkes vive un apasionado romance con Viviana Radclyffe antes de intentar volar la Cámara del Parlamento en 1605. Aunque gran parte de la novela de Ainsworth se basa en la historia, no hay constancia de que Viviana Radclyffe existiera.

Sin embargo, la ficción y el folclore se han mezclado lo suficiente como para que la calle adyacente al Hall haya recibido el nombre de "Guy Fawkes Street", y se celebre un festival anual en Ordsall Hall en honor de Fawkes.

Algunas personas han dicho que la "dama blanca" de Ordsall Hall es la de Viviana Radclyffe; sin embargo, la historia no está ahí para apoyar poner este nombre al fantasma que pasea por los terrenos.

También existe una tercera leyenda sobre quién era la dama blanca. Algunos dicen que era una futura esposa despechada a la que dejaron plantada en el altar de la iglesia de San Cipriano, que antaño estaba junto a Ordsall Hall. Se dice que la muchacha, desconsolada, subió las escaleras del Great Hall y se arrojó por una ventana abierta. El edificio no es muy alto: sólo tiene tres pisos en su ventana más alta. Es dudoso que el salto fuera suficiente para matar a una persona. Sin embargo, una cosa es segura: hay una peculiar figura femenina pálida caminando por los terrenos de Ordsall Hall.

Hablé con Les Willis, salfordiano de toda la vida y habilitador principal, o guía, en el Hall. Trabaja en Ordsall Hall desde 1992.

Willis me habló del anterior supervisor, que vivía en el Hall con su mujer cuando recibieron una llamada en plena noche de la residencia de ancianos, al otro lado de la calle. Willis dijo: "Eran las 3:00 de la mañana cuando llegó esta llamada telefónica preguntando: '¿Qué hace su mujer fuera paseando por los jardines? Y él respondió,'En realidad está durmiendo a mi lado'. Alguien de la residencia de ancianos había visto una figura blanca y pensó que era la mujer del supervisor".

Este no era el primer informe de una dama blanca en el exterior.

Willis dijo que recuerda haber oído las leyendas fantasmales cuando era niño en Salford.

Los Radclyffes vivieron en Ordsall Hall durante más de 300 años. A finales del siglo XVII, la casa pasaría a otras familias como residencia privada y, con el tiempo, se convertiría en club de hombres trabajadores, salón de actos de la iglesia, tienda de antigüedades, centro de formación teológica y, desde abril de 1972, el hall es una casa de época y museo de historia local propiedad de la ciudad de Salford y gestionado por ella. En toda su historia, Ordsall Hall nunca ha estado vacía.

Hoy ya no hay foso ni hectáreas de bosque que rodeen el palacio. Ahora se encuentra en un lugar bastante peculiar, entre una urbanización de los años setenta y un polígono industrial. La mansión de estilo Tudor, con entramado de madera en blanco y negro, es en sí misma un artefacto de la historia: el único Tudor con entramado de madera que queda en la región. Entrar en el museo es como entrar en una cálida y acogedora casa del siglo XVII, hasta en el mobiliario.

. . .

El museo recibe hasta 20.000 visitantes al año, muchos de los cuales son escolares que vienen a vestirse con trajes de la época isabelina y aprender algo sobre su historia local.

En los 12 años que Les Willis lleva trabajando en la sala, ha oído muchos informes de extraños puntos fríos, sobre todo en la Cámara de las Estrellas, que es la sección más antigua del edificio. Pero los encuentros fantasmales no se limitan a la Cámara de las Estrellas. En el Gran Salón contiguo, muchas personas han experimentado lo sobrenatural en persona o desde cualquier parte del mundo a través de la "Cámara Fantasma" de Ordsall Hall. Muchos cazadores de fantasmas en la Red recordarán la cámara web de Ordsall Hall, montada en el Gran Salón y que transmitía a la Red una vigilancia por vídeo constante de la sala. Hay muchas imágenes extrañas que fueron capturadas por la cámara Web, desde orbes redondos hasta una aparición gris pálido en la escalera de la gran sala.

A Willis se le han cerrado puertas cuando no había viento ni nadie que las empujara, y ha visto fallar muchos equipos eléctricos y de cámaras, sobre todo en la Cámara de las Estrellas. Tengo un amigo que hace fotos del edificio con una cámara digital. Todas sus fotos salen en color, y sólo una habitación [la Cámara de las Estrellas] sale en blanco y negro. Eso ocurrió dos días seguidos; volvió y tomó las mismas fotografías al día siguiente, y salió en blanco y negro. También han venido empresas de televisión que han puesto muchas cámaras, han soplado, y no debería haber ocurrido. Cosas así no las podemos explicar. Tal vez tienen una sobretensión a través de la electricidad o algo así. Así que tal vez tengan una sobretensión eléctrica que dañe sus costosas luces, pero no nuestro reproductor de CD".

Las extrañas descargas eléctricas son habituales en Ordsall Hall. Pero no es la única travesura que gastan los fantasmales residentes. En todo el pabellón, pero especialmente en la Cámara de las Estrellas, los empleados han denunciado la desaparición de objetos sencillos, como llaves. Aparecen días o semanas después en un lugar completamente distinto. En la Cámara de las Estrellas también se produce otro fenómeno que afecta a otros sentidos. Denise Roberts trabaja en Ordsall Hall desde 2001 y ha encontrado un poderoso olor en la Cámara de las Estrellas. Roberts dice: "De vez en cuando tenemos olores en esa sala. Huele a cadáver. Como a gente sucia.

Como alguien que no se ha lavado en mucho, mucho tiempo. Huele como si varias personas sucias hubieran entrado en la habitación al mismo tiempo, y el olor aparece y desaparece muy rápidamente. Puede permanecer durante 10 minutos y luego se va, pero sin ninguna señal de adónde ha ido".

. . .

El encuentro más profundo que vivió Willis ocurrió durante un descanso con uno de sus compañeros. Dijo: "Estábamos abajo y acababa de notar, por el rabillo del ojo, que algo subía por las escaleras, y oíamos pasos. Los dos oímos lo mismo".

Ordsall Hall ha tenido sus residentes fantasmales incluso en tiempos modernos.

Willis me habló de dos mujeres de la zona que vivieron en el pabellón de niñas, cuando su padre era el conserje. En el verano de 2003, estas dos mujeres visitaron Ordsall Hall por primera vez desde que se mudaron. Willis relató la historia que le contó una de las ancianas: "Dijo que tenía una amiga de juegos aquí. La amiga de juegos era Valerie; [era una amiga imaginaria]. Y como era una niña, no le salía 'Valerie', porque las V son muy difíciles para los niños pequeños, así que solía llamarla 'Apio'".

Roberts continuó la historia. Nos contaron que se encontraban a menudo con una niña vestida a la usanza isabelina que se hacía llamar Valerie. De hecho, solía hablarles. Cuando volvieron aquí después de tantos años, ocurrieron cosas extrañas. Bajaban un tramo de escaleras y, de repente, una de las hermanas le dijo a la otra que podía sentir a Valerie a su alrededor. En cuanto dijo eso, una de las lámparas cayó al suelo y se rompió en pedazos.

. . .

Las dos mujeres se miraron y dijeron: "Era Valerie".

Que intentaba hacerles sentir su presencia. Luego entraron en el gran salón, me llamaron y me dijeron que me pusiera en un rincón, y me dijeron: "¿Qué hueles?". Y pude oler rosas y pude oler lavanda, pude oler todo tipo de flores de dulce aroma. Pero no había flores en la habitación. Y me dijeron: 'Esa es Valerie, y está de pie con nosotros'".

Roberts explicó que una parte concreta del edificio produce muchos ruidos extraños, como muebles que se mueven y golpes. Las dos mujeres creían saber lo que estaba ocurriendo.

Roberts dijo: "Es uno de los lugares donde decían que Valerie solía tocar. Creían que esa era Valerie".

Durante su visita de verano, las dos mujeres ya no podían ver a su fantasmal amiga de la infancia, Valerie, pero sabían que seguía allí. Roberts dijo: "Cuando eran niñas, solían verla, así que quizá pierdes algo al envejecer, porque ya no podían verla".

Sam Smith es la supervisora del museo de Ordsall Hall; trabaja allí desde 1998. Me contó su opinión sobre la sala:

"Es uno de esos edificios en los que a menudo tienes la sensación de que hay alguien detrás de ti. Pero no lo hay", dice Smith. "Ha habido varias veces en las que he oído abrirse la puerta del despacho y me he levantado para ir a ver quién era, pero la puerta estaba cerrada y no había nadie. Es algo que se me queda grabado en la mente, porque hay que abrir la puerta con llave. Es oír girar la cerradura, pero no hay nadie".

La oficina se encuentra en la parte más nueva del edificio, la construida en el siglo XVII.

Smith también ha experimentado la inquietante sensación de sentir a una persona detrás de ella en una de las partes más antiguas del edificio. En el ala este se encuentra la Sala Solar, una cámara no abierta al público. Smith afirma que, cuando está de pie junto a la chimenea de la sala, tiene la sensación de que alguien está allí con ella, aunque sus ojos verifiquen que está sola en la sala.

Willis dijo: "Seguramente deberíamos tener un fantasma si hemos existido durante 800 años. Si no hemos tenido un fantasma en 800 años, creo que algo estamos haciendo mal.

Recibimos unos 10.000 escolares al año como visitantes, y no están tranquilos, y no queremos que estén tranquilos. Si eso no acaba con los fantasmas, nada lo hará".

. . .

Ordsall Hall permite a sus visitantes retroceder a la época isabelina en una acogedora y muy histórica casa Tudor. Con tantos niños y compañía, no es de extrañar que Margaret Radclyffe se sienta obligada a quedarse y entretener a sus invitados mientras espera el regreso de su hermano caído.

18

El castillo de Thornewood

El castillo de Thornewood es una residencia privada que funciona como bed and breakfast. Además, los propietarios organizan ocasionalmente visitas guiadas históricas y de fantasmas por la propiedad. Infórmese en el castillo.

El castillo de Thornewood es un castillo medieval inglés del siglo XVI situado a orillas del lago American, en las afueras de Tacoma, Washington, en el noroeste del Pacífico estadounidense. ¿Cómo? En 1908, el magnate de los negocios de Tacoma Chester Thorne invirtió un millón de dólares en construir la casa de sus sueños. Quería capturar la esencia de una casa solariega inglesa en Washington. Para hacer realidad su sueño, el arquitecto Kirtland Kelsey Cutter conseguiría la mayor parte del ladrillo, la piedra, los paneles de roble, las escaleras de roble y las vidrieras desmantelando un castillo en Inglaterra y enviando los materiales en tres cargueros por las traicioneras aguas del Cabo de Hornos, en Sudamérica, hasta el puerto de Tacoma.

Después de tres años de construcción, la casa de sus sueños estaba terminada.

Nacido en 1863 en Thornedale, Nueva York, Chester A. Thorne procedía de una acaudalada familia de financieros: se graduó en Yale y empezó a trabajar en la Missouri Pacific Railway Company. Thorne se casó con la hija del director general de la compañía, Anna, y se trasladó a Tacoma, Washington, donde invirtió dinero en el National Bank of Commerce. A los 30 años, se convirtió en presidente del banco. Thorne, meticuloso hombre de negocios, adquirió gran riqueza y prestigio como uno de los fundadores del Puerto de Tacoma, y fue uno de los impulsores de la fundación del Parque Nacional del Monte Rainier.

El castillo de Thornewood fue un gigantesco monumento a su prosperidad. La mansión Tudor/Gótica inglesa, de 27.000 pies cuadrados, tiene 54 habitaciones, 28 de ellas con baño. Los Thornes tenían 68 personas trabajando en la finca-28 jardineros, así como 40 sirvientes domésticos para cuidar de Chester, Anna y su hija, Anita.

Thornewood era el lugar de visita de los dignatarios estadounidenses.

. . .

Además de muchos hombres de negocios destacados del noroeste del Pacífico, entre los invitados de la noche se encontraban los presidentes Theodore Roosevelt y William Howard Taft e incluso algunos miembros de la realeza extranjera. Ches, como le llamaban los que mejor le conocían, no sólo había hecho mucho dinero, sino también muchos amigos en la comunidad gracias a sus obras de caridad. Sin duda tuvo una gran vida y el castillo de Thornewood fue su obra maestra. Ches murió de una larga enfermedad el 16 de octubre de 1927 en su mansión palaciega, pero Thornewood siempre sería la casa de Ches.

Hablé con Deanna Robinson, la actual propietaria de Thornewood.

Deanna y su marido, Wayne, compraron la finca en abril de 2000, y muy poco después llegaron a un acuerdo con ABC Disney para que la compañía rodara allí la miniserie de Stephen King Rosa Roja. A cambio de permitir que la propiedad sirviera de escenario para la historia de King sobre un investigador paranormal que lleva a un equipo de psíquicos a una casa encantada, ABC Disney accedió a retirar los apartamentos instalados en el Gran Salón y el Salón de Baile y restaurarlos para devolverles su esplendor original.

. . .

En la historia de King, la casa tiene conciencia propia y el edificio se desplaza y cambia constantemente, pero la verdad, como suele decirse, es más extraña que la ficción.

A la casa no le crecen místicamente nuevas escaleras que suben a ninguna parte, y las habitaciones no se encogen, pero hay una habitación oculta, túneles en el sótano y un espíritu en la propia casa.

Además, hay múltiples fantasmas que se manifiestan por todas partes.

Robinson y sus numerosos invitados deliran sobre la energía inexplicable y a la vez revitalizante con la que el castillo de Thornewood afecta a la gente.

La actividad fantasmal comenzó muy sutilmente para Robinson. Dijo: "Usábamos el Salón de Caballeros como sala de desayunos para mi marido y para mí; estaba justo al lado de la cocina. Yo apagaba todas las luces por la noche, y cuando bajaba por las mañanas para encender los apliques, en uno de ellos la bombilla estaba fundida. Así que fui a cambiarla. Cogí mi pequeño taburete, porque es demasiado alto para que yo pueda alcanzarlo. Cuando alcancé la bombilla, me di cuenta de que estaba desenroscada. Así que la volví a enroscar y me fui. Por la noche apagué la luz, cerré la habitación y me acosté. A la mañana siguiente me levanté y bajé las escaleras, y la bombilla estaba desenroscada de nuevo. Me pareció muy extraño. Cogí de nuevo mi escalerita, subí y volví a enroscarla.

"Esto continuó todos los días durante dos semanas. Por fin, tenía un pequeño bloc de papel en la mano, lo tiré sobre la mesa y dije: 'Vale, Chester. Sé que estás aquí. Déjame una nota, porque estoy harta de este rollo de la bombilla'".

No dejó ninguna nota, pero el desenroscado diario de la bombilla cesó, aunque no por mucho tiempo. Al parecer, uno de los espíritus de Thornewood tiene una fijación con el vidrio. Robinson supone que es Chester, pero no puede estar seguro, pero el problema del cristal pasó de ser sólo las bombillas.

Robinson explicó cómo su marido compró un juego de ollas y sartenes de acero inoxidable con tapas de cristal de borde metálico. Los teníamos guardados en un armario. Estábamos en la cocina sin hacer nada y se produjo una gran explosión en el armario. Nos acercamos al armario, lo abrimos y vimos que la tapa de cristal de una sartén se había roto en miles de pedazos. Explotó".

. . .

El suceso se repitió en otra cita con una cara ponchera de cristal. "No habíamos puesto nada en ella; simplemente la pusimos sobre la encimera", dijo Robinson. "Estaba allí sentada y todo se rompió. Y cuando se rompió, cayó en pequeños montones de cristal".

En otra ocasión, su nieto subía unas botellas de licor del almacén y llevaba una de ellas bajo el brazo.

El fondo de la botella de cristal saltó y la bebida se derramó por todo el nieto de Robinson y por el suelo.

Robinson cree que muchos de los disturbios pueden deberse a que se han hecho muchas obras y restauraciones, y puede que a Chester Thorne no le gustara que una mujer se metiera en su casa. Se cuida de no acusarle de machista, pero dice que cree que a Chester acabaron gustándole los resultados y ya no rompe los cristales. Ella dijo: "No estamos teniendo tanto en estos días. Oímos roturas, pero no hay nada roto cuando miramos a nuestro alrededor".

Es posible que Robinson recibiera alguna confirmación de que Chester estaba satisfecho con sus esfuerzos por parte de su jardinero, un ex militar que trabajaba en la propiedad desde antes de que los Robinson se hicieran con ella.

Robinson dijo: "Vino un día y me dijo que el señor Thorne aprobaba lo que estaba haciendo con la casa. Y afirma haberlo visto varias veces en el césped con un traje de montar marrón y espuelas de jinete".

El hombre del traje de montar marrón con bolsillos extravagantes y espuelas, que lleva una fusta corta de cuero, también ha sido visto en la casa.

Los Robinson habían invitado a una amiga de Texas a quedarse con ellos y Deanna le pidió que fuera a un armario del tercer piso a buscar jabón. Su amiga estaba rebuscando en el armario tratando de encontrar el jabón cuando se volvió y vio al hombre del traje de montar marrón.

Él le preguntó: "¿Qué haces aquí?". Y ella dijo, medio frenética: "No sé qué hago aquí. Sólo vine a buscar algo para Deanna..." El hombre desapareció y la amiga de Robinson bajó corriendo las escaleras, pálida y con una experiencia que nunca olvidará.

Thornewood también es escenario de bodas y recepciones. Una de sus suites, llamada "Anna's Room", en honor a la difunta señora de la casa, que utilizaba la habitación como dormitorio, es también la suite nupcial. Tiene un espejo de cuerpo entero y mucho espacio para que la novia se prepare. Varias novias dicen haber visto el reflejo de una mujer vestida con ropa de principios del siglo XX en el espejo, sentada detrás de ellas. Cuando se dan la vuelta, la mujer ya no está.

Otros huéspedes también han visto a una mujer en la habitación. Robinson dijo,"Hemos tenido gente en el jardín ver a una mujer de pie en esa habitación junto a la ventana.

Y es la habitación en la que se alojan. Y nuestros huéspedes tienen las únicas llaves de la habitación; no hay ama de llaves, así que no pudo ser nadie más".

En 2001, los Robinson contrataron a la Sociedad de Fantasmas del Estado de Washington (WSGS) para que investigara los sucesos. La WSGS es un grupo de personas que investigan lo paranormal a tiempo parcial. El grupo está formado por investigadores, algunas personas con sensibilidad psíquica y otras que quieren aprender más. Henry Bailey fue el fundador y presidente del grupo. En aquella época, Bailey trabajaba para Boeing, y explicó que intenta evitar lo subjetivo siempre que puede, ya que lo que más le interesa son los hechos medibles.

Soy ingeniero de profesión. Nunca he pretendido ser médium, pero los alrededores de Thornewood tienen una de las auras más tranquilas y pacíficas, supongo que así se podría llamar, que he sentido en mi vida. Es tan revitalizante... es tan subjetivo decirlo, pero realmente se siente así".

Bailey explicó cómo su grupo no presenció ninguna manifestación visible durante sus cuatro visitas a Thornewood, pero sí capturaron un audio convincente en una cinta. Bailey se sentó en la cocina de la mansión a las 3:30 de la madrugada, con su grabadora de audio, tratando de obtener un fenómeno de voz electrónica (EVP).

"La mejor prueba que teníamos eran las grabaciones que obtuvimos", dijo Bailey. "Había una de un hombre cantando en la cocina. Puedo dar fe de que no había nadie en la cocina en ese momento. No oí nada hasta que llegué a casa y puse la cinta. La canción era un la-la-la-la. Se oía muy claro en la cinta".

Bailey cree que hay energía residual procedente de los materiales de construcción medievales que podría ser la causa de algunos de los avistamientos de fantasmas.

Además, cree que probablemente haya dos espíritus que interactúan ocasional y deliberadamente con el personal y los huéspedes de Thornewood. Después de haber crecido en tres casas encantadas de niño, la conclusión de Bailey sobre

Thornewood es que todos los indicios apuntan a que se trata de una casa encantada. Además, "la casa parece embrujada, por así decirlo", afirma.

Hay una escalera de roble cerca de la entrada principal de la casa, que es un lugar especialmente activo para vislumbrar fantasmas del pasado. "Si te sientas en el peldaño inferior de la escalera y miras a las puertas, a veces vislumbrarás a un Señor y una Señora", dijo Robinson sobre las parejas que a veces aparecen. "Los hombres visten de cuero y huelen un poco a aceite; creo que piensan que van bien vestidos, pero no es lo que hoy consideraríamos realmente limpio.

He visto a dos mujeres -una con una guirnalda en el pelo y la otra con una especie de gorro puntiagudo-vestidas con ropas renacentistas, que entran por la puerta y luego se van".

Para la familia Thorne, la creación del castillo fue una mezcla magistral de lo antiguo y lo nuevo. Es un lugar donde la Inglaterra del siglo XVI chocó con la América del siglo XX. Hoy, Thornewood es también un lugar donde los planos físico y espiritual se mezclan ocasionalmente. Para Deanna Robinson y sus invitados, la casa palaciega, el cuidado césped y los exuberantes jardines son el paraíso.

. . .

Uno puede entender por qué el constructor original y su familia quizá no quisieran marcharse nunca.

Conclusión

Los castillos encierran algunas de las historias más fascinantes y escalofriantes de fantasmas, demonios y espíritus. Tanto si el castillo sirvió de protección como de morada o una combinación de ambas, cada uno de estos castillos tiene su propia historia, claramente reflejada en los espíritus y fantasmas que aún lo llaman hogar. Desde la tristemente célebre Torre de Londres, con su historia de derramamiento de sangre, hasta la trágica historia familiar del castillo de Larnarch, en Nueva Zelanda, cada castillo tiene su propia historia que contar y su propia forma de contarla.

¡Tu vuelta al mundo embrujado no tiene por qué acabar cuando cierres este libro! Hay muchísimos sitios que albergan investigaciones, pruebas y debates sobre fantasmas de todo el mundo. El sitio web cuenta con una gigantesca biblioteca de encuentros personales con fantasmas de lugares famosos, infames y completamente oscuros.

Conclusión

Miles de personas visitan los foros de la comunidad: cazadores de fantasmas, investigadores o, en algunos casos, víctimas de fantasmas. En estos sitios encontrarás fotos de fantasmas, grabaciones de audio e incluso vídeos (¡debes estar preparado para ver lo sobrenatural con tus propios ojos!)

Los espíritus permanecen en sus moradas por numerosas razones; desde una víctima de asesinato que se niega a ser olvidada recreando su muerte hasta ejecuciones y suicidios desconsolados, la energía dejada en los propios muros y posesiones que fueron testigos de tales actos perseguirá estas fortalezas hasta que los muertos estén finalmente en paz.

Un aspecto interesante del más allá es que es el gran igualador. Campesinos, monjes, caballeros, guerreros y niños parecen encarnar el más allá, no sólo reyes, reinas y nobles. Además, los espíritus no se limitan a espíritus humanos; se han contado historias de demonios, elementales, animales y criaturas abominables conjuradas por magia negra.

Si alguna vez tiene la oportunidad de visitar alguno de estos castillos encantados, no se sorprenda de lo que encuentre o sienta. Al fin y al cabo, puede que tenga el privilegio de ver un fantasma, con suerte no un espíritu sin cabeza o enfadado que considere que usted es el siguiente prisionero en la cola para ser torturado. Recuerde estos fantasmas y sus historias.

www.ingramcontent.com/pod-product-compliance
Lightning Source LLC
Chambersburg PA
CBHW072159070526
44585CB00015B/1210